W0283885

Schwarz-Weiß-Muffins

Für den All-in-Teig:
200 g Weizenmehl
1 Pck. Dr. Oetker Pudding-Pulver Vanille-Geschmack
3 gestr. TL Dr. Oetker Backin
175 g gesiebter Puderzucker
3 Eier (Größe M)
125 ml Speiseöl
100 ml Eierlikör

Für den dunklen Teig:
15 g gesiebtes Kakaopulver
2 EL Speiseöl

Zum Bestreichen:
etwas Eierlikör

Zum Belegen:
Schokoladenröllchen

Außerdem:
12 Papierbackförmchen

1. Backofen vorheizen. Für den Teig Mehl, Pudding-Pulver, Backpulver und Puderzucker in eine Rührschüssel geben und mit einem Schneebesen verrühren. Eier, Speiseöl und Eierlikör hinzufügen. Die Zutaten mit Handrührgerät mit Rührbesen zunächst kurz auf niedrigster, dann auf höchster Stufe in etwa 1 Minute zu einem glatten Teig verarbeiten.

2. Die Papierbackförmchen in die Mulden der Muffinform legen. Die Hälfte des Teiges in den Förmchen verteilen.

3. Für den dunklen Teig Kakao mit Speiseöl in eine kleine Schüssel geben und mit einem Schneebesen gut verrühren. Die Kakaomasse unter den restlichen Teig rühren. Den dunklen Teig mit Hilfe eines Esslöffels vorsichtig auf den hellen Teig geben. Die Muffinform auf dem Rost in den vorgeheizten Backofen schieben.

Ober-/Unterhitze: etwa 180 °C
Heißluft: etwa 160 °C
Backzeit: 20–25 Minuten.

4. Die Form auf einen Kuchenrost stellen. Die Muffins etwa 10 Minuten in der Form abkühlen lassen. Dann die Muffins mit den Förmchen aus der Muffinform nehmen und auf dem Kuchenrost erkalten lassen.

5. Die Muffins auf der Oberfläche dünn mit Eierlikör bestreichen und mit Schokoladenröllchen garnieren.

Zubereitungszeit:
25 Minuten, ohne Kühlzeit

Backzeit: 20–25 Minuten

Pro Stück:
E: 4 g, F: 16 g, Kh: 34 g,
kJ: 1255, kcal: 300, BE: 3

Dr.Oetker

Muffins

Dr. Oetker

Muffins

Dr. Oetker Verlag

Vorwort

Wer Abwechslung mag, wird Muffins lieben. Die kleinen Küchlein aus dem Backofen sind genauso schnell vernascht wie gebacken. Immer wieder anders und immer wieder lecker. Für kleine und große Naschkatzen sind sie das Highlight, wenn sie frisch gebacken und herrlich duftend aus dem Ofen kommen. Ein einfacher All-in- oder Rührteig oder ein raffinierter Schüttelteig verfeinert mit Früchten, Schokolade oder Kaffee sind eine tolle und leckere Alternative zu Kuchen & Co. Außergewöhnliche Rezeptideen wie die fruchtig-exotischen Rhabarber-Ingwer-Muffins, die feurig-schokoladigen Schoko-Chili-Muffins oder die kernig-frischen Himbeer-Frischkäse-Muffins werden Sie ganz schnell überzeugen. Natürlich sind alle Rezepte von Dr. Oetker nachgebacken und so beschrieben, dass sie garantiert gelingen.

Fruchtige Muffins

Klassisch fruchtig –
einfach lecker

Gut vorzubereiten

Schoko-Kirsch-Muffins

1 Zum Vorbereiten Sauerkirschen in einem Sieb gut abtropfen lassen. Den Backofen vorheizen.

2 Für den Teig Mehl mit Backpulver mischen und in eine Rührschüssel sieben. Zucker, Vanillin-Zucker, Eier und Butter oder Margarine hinzufügen. Die Zutaten mit Handrührgerät mit Rührbesen zunächst kurz auf niedrigster, dann auf höchster Stufe in etwa 2 Minuten zu einem glatten Teig verarbeiten. Raspelschokolade und Sauerkirschen (evtl. mit Küchenpapier trocken tupfen) vorsichtig unterheben.

3 Den Teig in eine Muffinform (für 12 Muffins, gefettet, gemehlt) geben und glattstreichen. Die Form auf dem Rost in den vorgeheizten Backofen schieben.

Ober-/Unterhitze: etwa 180 °C
Heißluft: etwa 160 °C
Backzeit: etwa 30 Minuten.

4 Die Muffins etwa 10 Minuten in der Form stehen lassen, dann vorsichtig aus der Form lösen und auf einem Kuchenrost erkalten lassen. Muffins mit Puderzucker bestäuben.

5 Nach Belieben zum Besprenkeln Schokolade in kleine Stücke brechen, mit dem Speiseöl in einem kleinen Topf im Wasserbad bei schwacher Hitze schmelzen. Die Muffins damit besprenkeln und die Schokolade fest werden lassen.

Zum Vorbereiten:
- 1 Glas Sauerkirschen (Abtropfgewicht 370 g)

Für den All-in-Teig:
- 200 g Weizenmehl
- 1 Pck. Dr. Oetker Backin
- 100 g Zucker
- 1 Pck. Dr. Oetker Vanillin-Zucker
- 3 Eier (Größe M)
- 125 g weiche Butter oder Margarine
- 100 g Raspelschokolade

Zum Bestäuben:
- 1–2 TL Puderzucker

Nach Belieben zum Besprenkeln:
- 50 g Zartbitter-Schokolade
- 1 TL Speiseöl

Zubereitungszeit:
25 Minuten, ohne Abkühlzeit
Backzeit: etwa 30 Minten

Pro Stück:
E: 5 g, F: 15 g, Kh: 34 g,
kJ: 1233, kcal: 294, BE: 3,0

Ananas-Minz-Muffins

Raffiniert – für Kinder

Zum Vorbereiten:

- 1 Dose Ananas in Scheiben (Abtropfgewicht 350 g)
- 3-4 Stängel frische Pfefferminze (ersatzweise 1 Teebeutel Pfefferminztee)

Für den All-in-Teig:

- 225 g Weizenmehl
- 2 gestr. TL Dr. Oetker Backin
- 1 Prise Salz
- 75 g Puderzucker
- 3 Eier (Größe M)
- 75 g weiche Butter oder Margarine
- 150 ml Zitronen-Buttermilch

Für den Guss:

- 100 g Puderzucker
- 3-4 TL Zitronensaft

1 Zum Vorbereiten Ananasscheiben in einem Sieb gut abtropfen lassen und in kleine Stücke schneiden. Minze abspülen und trocken tupfen. Die Blättchen von den Stängeln zupfen. Blättchen fein hacken und mit den Ananasstücken mischen. Backofen vorheizen.

2 Für den Teig Mehl mit Backpulver, Salz und Puderzucker mischen und in eine Rührschüssel sieben. Eier, Butter oder Margarine und Buttermilch hinzufügen. Die Zutaten mit Handrührgerät mit Rührbesen zunächst kurz auf niedrigster, dann auf höchster Stufe in etwa 1 Minute zu einem glatten Teig verarbeiten. Ananas-Minz-Mischung unterheben.

3 Den Teig in eine Muffinform (für 12 Muffins, gefettet, gemehlt) geben und glattstreichen. Die Form auf dem Rost in den vorgeheizten Backofen schieben.

Ober-/Unterhitze: etwa 180 °C
Heißluft: etwa 160 °C
Backzeit: 25–30 Minuten.

4 Die Muffins etwa 10 Minuten in der Form stehen lassen, dann vorsichtig aus der Form lösen und auf einem Kuchenrost erkalten lassen.

5 Für den Guss Puderzucker und Zitronensaft zu einem dickflüssigen Guss verrühren. Die Muffins damit überziehen. Guss fest werden lassen.

Tipp: Statt Ananas aus der Dose können Sie auch frische Ananas verwenden. Dazu die Ananas schälen, vierteln und den harten Strunk entfernen. Ananas in kleine Stücke schneiden, mit der vorbereiteten Minze vermengen und unter den Teig heben.
Mit frischem Ananasfruchtfleisch schmecken die Muffins besonders fruchtig und feinsäuerlich. Wenn Sie die Ananas nicht selber schälen wollen, fragen Sie bei Ihrem Obst- und Gemüsehändler nach bereits geschälten Früchten.
Wenn Sie feines Minzaroma mögen, zerreiben Sie die Minzblättchen mit 1 Teelöffel Zucker in einem Mörser zu einer feinen Paste und mischen diese unter die Ananasstücke.

Zubereitungszeit: 25 Minuten
Backzeit: 25–30 Minuten

Pro Stück:
E: 4 g, F: 8 g, Kh: 36 g, kJ: 974, kcal: 233, BE: 3,0

Rhabarber-Ingwer-Muffins

Raffiniert – schnell

Zum Vorbereiten:

etwa 600 g Rhabarber (vorbereitet gewogen etwa 480 g)
1 Stck. frischer Ingwer (etwa 15 g)
20 g Zucker

Für den All-in-Teig:

75 g Butter oder Margarine
175 g Weizenmehl
2 gestr. TL Dr. Oetker Backin
1 Pck. Dr. Oetker Pudding-Pulver Vanille-Geschmack
1 Prise Salz
75 g Puderzucker
1 TL fein abgeriebene Orangenschale von 1 Bio-Orange (unbehandelt, ungewachst) oder 1 Pck. Dr. Oetker Finesse Orangenfrucht
etwa 150 ml fertige Vanillesauce (z. B. Bourbon-Vanille-Sauce aus dem Kühlregal)
2 Eier (Größe M)

Zum Bestäuben:

Puderzucker

Zubereitungszeit:
25 Minuten, ohne Ziehzeit
Backzeit: 25–28 Minuten

Pro Stück:
E: 3 g, F: 8 g, Kh: 25 g,
kJ: 775, kcal: 185, BE: 2,0

1 Zum Vorbereiten Rhabarber abspülen und abtropfen lassen. Stielenden und Blattansätze entfernen. Rhabarber in kleine Stücke schneiden (ergibt etwa 480 g). Ingwer schälen und auf einer Küchenreibe sehr fein reiben. Rhabarberstücke, Ingwer und Zucker mischen, kurz ziehen lassen. Backofen vorheizen.

2 Für den Teig Butter oder Margarine zerlassen und abkühlen lassen. Mehl mit Backpulver, Pudding-Pulver, Salz und Puderzucker mischen, in eine Rührschüssel sieben. Orangenschale oder -frucht hinzufügen. Rhabarberstücke in einem Sieb abtropfen lassen und die Flüssigkeit dabei auffangen. Rhabarberflüssigkeit mit Vanillesauce auf 175 ml auffüllen.

3 Eier, Butter oder Margarine und Vanille-Saucen-Mischung zum Mehlgemisch geben und mit Handrührgerät mit Rührbesen zunächst kurz auf niedrigster, dann auf höchster Stufe in etwa 1 Minute zu einem glatten Teig verarbeiten. Rhabarberstücke unterheben.

4 Den Teig in eine Muffinform (für 12 Muffins, gefettet, gemehlt) geben und glattstreichen. Die Form auf dem Rost in den vorgeheizten Backofen schieben.

Ober-/Unterhitze: etwa 180 °C
Heißluft: etwa 160 °C
Backzeit: 25–28 Minuten.

5 Die Muffins etwa 10 Minuten in der Form stehen lassen, dann vorsichtig aus der Form lösen und auf einem Kuchenrost erkalten lassen. Mit Puderzucker bestäubt servieren.

Ananas-Kokos Muffins Für Kinder

Für den Rührteig:

- 125 g Marzipan-Rohmasse, fein gehackt
- 125 g weiche Butter oder Margarine
- 100 g Zucker
- 1 Pck. Dr. Oetker Vanillin-Zucker
- 3 Eier (Größe M)
- 200 g Weizenmehl
- 3 gestr. TL Dr. Oetker Backin
- 75 g Kokosraspel

Für den Belag:

- etwa 200 g Baby-Ananasscheiben

Nach Belieben zum Bestäuben:

- 1–2 TL Puderzucker

1 Backofen vorheizen. Für den Teig Marzipan und Butter oder Margarine mit Handrührgerät mit Rührbesen zu einer glatten Masse verrühren. Nach und nach Zucker und Vanillin-Zucker unterrühren. So lange unterrühren, bis eine gebundene Masse entstanden ist. Eier nach und nach unterrühren (jedes Ei etwa ½ Minute).

2 Mehl mit Backpulver mischen, sieben und in 2 Portionen auf mittlerer Stufe unterrühren. ⅔ der Kokosraspel unterheben.

3 Den Teig in eine Muffinform (für 12 Muffins, gefettet, gemehlt) geben und glattstreichen.

4 Für den Belag Ananasscheiben in einem Sieb abtropfen lassen oder frische Ananas schälen und in Scheiben schneiden. Größere Scheiben waagerecht halbieren. Je eine Ananasscheibe auf den Teig legen. Die restlichen Kokosraspel auf die Ananasscheiben streuen.

5 Die Form auf dem Rost in den vorgeheizten Backofen schieben.

Ober-/Unterhitze: etwa 180 °C
Heißluft: etwa 160 °C
Backzeit: etwa 30 Minuten.

6 Die Muffins etwa 10 Minuten in der Form stehen lassen, dann aus der Form lösen und auf einem Kuchenrost erkalten lassen. Die Muffins nach Belieben mit Puderzucker bestäuben.

Tipp: Statt Baby-Ananasscheiben können Sie auch 4 Scheiben Ananas aus einer großen Dose (Abtropfgewicht 490 g) verwenden. Dann die Ananasscheiben waagerecht halbieren und längs durchschneiden.
Sie können die Muffins auch in doppelt ineinander gestellten Papierbackförmchen backen.

Zubereitungszeit:
25 Minuten, ohne Abkühlzeit
Backzeit: etwa 30 Minuten

Pro Stück:
E: 5 g, F: 19 g, Kh: 30 g,
kJ: 1299, kcal: 310, BE: 2,5

Schoko-Birnen-Muffins

Gut vorzubereiten

Zum Vorbereiten:
- 1 mittelgroße Dose Birnenhälften (Abtropfgewicht 250 g)

Für den All-in-Teig:
- 200 g Weizenmehl
- 1 Pck. Dr. Oetker Backin
- 100 g Zucker
- 1 Pck. Dr. Oetker Vanillin-Zucker
- 3 Eier (Größe M)
- 125 g weiche Butter oder Margarine
- 100 g Raspelschokolade

Zum Bestäuben:
- 1–2 TL Puderzucker

Nach Belieben zum Besprenkeln:
- 50 g Zartbitter-Schokolade
- 1 TL Speiseöl

1 Zum Vorbereiten Birnenhälften in einem Sieb gut abtropfen lassen und in kleine Würfel schneiden. Den Backofen vorheizen.

2 Für den Teig Mehl mit Backpulver mischen und in eine Rührschüssel sieben. Zucker, Vanillin-Zucker, Eier und Butter oder Margarine hinzufügen. Die Zutaten mit Handrührgerät mit Rührbesen zunächst kurz auf niedrigster, dann auf höchster Stufe in etwa 2 Minuten zu einem glatten Teig verarbeiten. Raspelschokolade und Birnenwürfel vorsichtig unterheben.

3 Den Teig in eine Muffinform (für 12 Muffins, gefettet, gemehlt) geben und glattstreichen. Die Form auf dem Rost in den vorgeheizten Backofen schieben.

Ober-/Unterhitze: etwa 180 °C
Heißluft: etwa 160 °C
Backzeit: etwa 30 Minuten.

4 Die Muffins etwa 10 Minuten in der Form stehen lassen, dann vorsichtig aus der Form lösen und auf einem Kuchenrost erkalten lassen. Muffins mit Puderzucker bestäuben.

5 Nach Belieben zum Besprenkeln Schokolade in kleine Stücke brechen, mit Speiseöl in einem kleinen Topf im Wasserbad bei schwacher Hitze schmelzen. Die Muffins damit besprenkeln und die Schokolade fest werden lassen.

Zubereitungszeit:
25 Minuten, ohne Abkühlzeit
Backzeit: etwa 30 Minuten

Pro Stück:
E: 4 g, F: 15 g, Kh: 33 g,
kJ: 1191, kcal: 285, BE: 3,0

Orangen-Muffins

Für Kinder – einfach

Für den All-in-Teig:

250 g Weizenmehl
2½ TL Dr. Oetker Backin
100 g Zucker
1 Pck. Dr. Oetker Finesse Orangenfrucht
3 Eier (Größe M)
100 ml Speiseöl
50 ml Orangen- oder Mandarinensaft
150 ml Buttermilch

Für den Belag:

150 g Orangenfilets oder 1 Dose Mandarinen (Abtropfgewicht 175 g)

Nach Belieben zum Bestreichen:

2 EL Orangenmarmelade oder Aprikosenkonfitüre

Zum Garnieren:

gewürfeltes Orangeat
einige Orangenfilets

1 Backofen vorheizen. Für den Teig Mehl mit Backpulver mischen und in eine Rührschüssel sieben. Zucker, Orangenfrucht, Eier, Speiseöl, Orangen- oder Mandarinensaft und Buttermilch hinzufügen. Die Zutaten mit Handrührgerät mit Rührbesen zunächst kurz auf niedrigster, dann auf höchster Stufe in etwa 1 Minute zu einem glatten Teig verarbeiten.

2 Den Teig in eine Muffinform (für 12 Muffins, gefettet, gemehlt) geben und glattstreichen. Klein geschnittene Orangenfilets oder gut die Hälfte der abgetropften Mandarinen auf den Teig legen. Die Form auf dem Rost in den vorgeheizten Backofen schieben.

Ober-/Unterhitze: etwa 180 °C
Heißluft: etwa 160 °C
Backzeit: etwa 25 Minuten.

3 Die Muffins etwa 10 Minuten in der Form stehen lassen, dann vorsichtig aus der Form lösen und auf einem Kuchenrost erkalten lassen.

4 Nach Belieben Orangenmarmelade oder Aprikosenkonfitüre erhitzen. Die Muffins damit bestreichen, mit Orangeatwürfeln und Orangenfilets oder den restlichen Mandarinen garnieren.

Zubereitungszeit:
25 Minuten, ohne Abkühlzeit
Backzeit: etwa 25 Minuten

Pro Stück:
E: 4 g, F: 11g, Kh: 31 g,
kJ: 1004, kcal: 240, BE: 2,5

Heidelbeer-Vanille-Muffins

Klassisch

250 g frische oder
200 g TK-Heidelbeeren

Für den All-in-Teig:
- 300 g Weizenmehl
- 3 gestr. TL Dr. Oetker Backin
- 150 g Zucker
- 1 Pck. Dr. Oetker Bourbon-Vanille-Zucker
- 1 Prise Salz
- 2 Eier (Größe M)
- ½ Becher (250 g) Sahne Pudding Bourbon Vanille (Kühlregal)
- 4 EL (etwa 50 ml) geschmacksneutrales Speiseöl, z. B. Rapsöl

1 Frische Heidelbeeren verlesen, vorsichtig waschen, sehr gut abtropfen lassen und mit Küchenpapier trocken tupfen. Backofen vorheizen.

2 Für den Teig Mehl mit Backpulver mischen und in eine Rührschüssel sieben. Zucker, Vanille-Zucker, Salz, Eier, Sahne-Pudding und Speiseöl hinzufügen. Die Zutaten mit Handrührgerät mit Rührbesen zunächst kurz auf niedrigster, dann auf höchster Stufe in etwa 2 Minuten zu einem glatten Teig verarbeiten.

3 Heidelbeeren (TK-Heidelbeeren unaufgetaut) vorsichtig mit einem Teigschaber unterheben (nicht zu stark rühren, die Früchte färben sonst den Teig lila).

4 Den Teig in eine Muffinform (für 12 Muffins, gefettet, gemehlt) geben und glattstreichen. Die Form auf dem Rost in den vorgeheizten Backofen schieben.

Ober-/Unterhitze: etwa 180 °C
Heißluft: etwa 160 °C
Backzeit: etwa 30 Minuten.

5 Die Muffins etwa 10 Minuten in der Form stehen lassen, dann vorsichtig aus der Form lösen und auf einem Kuchenrost erkalten lassen.

Tipp: Sie können die Muffins auch in doppelt ineinander gestellten Papierbackförmchen backen.

Zubereitungszeit:
30 Minuten, ohne Abkühlzeit
Backzeit: etwa 30 Minuten

Pro Stück:
E: 4 g, F: 8 g, Kh: 36 g,
kJ: 993, kcal: 237, BE: 3,0

Apfel-Zimt-Muffins

Klassisch

Für den Rührteig:
- 100 g Butter oder Margarine
- 125 g Zucker
- 1 Pck. Dr. Oetker Vanillin-Zucker
- 1 Pck. Dr. Oetker Finesse Geriebene Zitronenschale
- 1 Prise Salz
- 1 gestr. TL gemahlener Zimt
- 2 Eier (Größe M)
- 200 g Weizenmehl
- 1 gestr. TL Dr. Oetker Backin
- 2 EL Milch
- 2 Äpfel (etwa 250 g) z. B. Cox Orange oder Boskop

Nach Belieben zum Bestäuben:
- 1–2 TL Puderzucker

1 Backofen vorheizen. Für den Teig Butter oder Margarine mit Handrührgerät mit Rührbesen auf höchster Stufe geschmeidig rühren. Nach und nach Zucker, Vanillin-Zucker, Zitronenschale, Salz und Zimt hinzufügen. So lange rühren, bis eine gebundene Masse entstanden ist. Eier nach und nach unterrühren (jedes Ei etwa ½ Minute).

2 Mehl mit Backpulver mischen, sieben und in 2 Portionen mit der Milch auf mittlerer Stufe unterrühren.

3 Äpfel schälen, vierteln und entkernen. Apfelviertel in kleine Stücke schneiden und unter den Teig heben.

4 Den Teig in eine Muffinform (für 12 Muffins, gefettet, gemehlt) geben und glattstreichen. Die Form auf dem Rost in den vorgeheizten Backofen schieben.

Ober-/Unterhitze: etwa 180 °C
Heißluft: etwa 160 °C
Backzeit: etwa 25 Minuten.

5 Die Muffins etwa 10 Minuten in der Form stehen lassen, dann vorsichtig aus der Form lösen und auf einem Kuchenrost erkalten lassen. Muffins nach Belieben mit Puderzucker bestäubt servieren.

Tipp: Wer kein Muffinsblech besitzt, kann auch Papierbackförmchen nehmen. Dafür 2 Papierbackförmchen ineinanderstellen, den Teig darin verteilen und auf ein Backblech setzen. Nach Belieben einige gehackte Walnusskerne vor dem Backen auf den Teig streuen.

Zubereitungszeit:
30 Minuten, ohne Abkühlzeit
Backzeit: etwa 25 Minuten

Pro Stück:
E: 3 g, F: 9 g, Kh: 27 g,
kJ: 843, kcal: 201, BE: 2,0

Amarena-Kirsch-Muffins mit Mascarpone

Raffiniert – mit Alkohol

Zum Vorbereiten:

1 Glas Amarenakirschen (Abtropfgewicht 130 g)
etwa 150 ml Buttermilch

Für den All-in-Teig

200 g Weizenmehl
2 gestr. TL Dr. Oetker Backin
1 Pck. Dr. Oetker Pudding-Pulver Vanille-Geschmack
50 g Puderzucker
1 Prise Salz
fein abgeriebene Schale von 1 Bio-Zitrone (unbehandelt, ungewachst)
2 Eier (Größe M)
75 ml Speiseöl

Für die Mascarponecreme:

150 g Mascarpone (ital. Frischkäse, ersatzweise Doppelrahm-Frischkäse)
20 g Speisestärke
Saft von 1 Zitrone
10 g Puderzucker

Zum Bestäuben:

etwas Puderzucker

1 Zum Vorbereiten Kirschen in einem Sieb gut abtropfen lassen, den Saft dabei auffangen. 6 Kirschen beiseitelegen, die restlichen Kirschen in kleine Stücke schneiden. Den Kirschsaft mit der Buttermilch auf 175 ml auffüllen. Backofen vorheizen.

2 Für den Teig Mehl mit Backpulver, Pudding-Pulver, Puderzucker und Salz mischen, in eine Rührschüssel sieben. Die Hälfte der Zitronenschale, Eier, Speiseöl und Buttermilch-Kirschsaft-Mischung hinzufügen. Die Zutaten mit Handrührgerät mit Rührbesen zunächst kurz auf niedrigster, dann auf höchster Stufe in etwa 1 Minute zu einem glatten Teig verarbeiten. Kirschstücke unterheben.

3 Für die Creme Mascarpone mit Speisestärke, Zitronensaft, restlicher Zitronenschale und Puderzucker zu einer geschmeidigen Masse verrühren.

4 Die Hälfte des Teiges in eine Muffinform (für 12 Muffins, gefettet, gemehlt) geben, die Mascarponecreme darauf verteilen. Den restlichen Teig daraufgeben. Die Form auf dem Rost in den vorgeheizten Backofen schieben.

Ober-/Unterhitze: etwa 180 °C
Heißluft: etwa 160 °C
Backzeit: etwa 25 Minuten.

5 Die Muffins etwa 10 Minuten in der Form stehen lassen, dann vorsichtig aus der Form lösen und auf einem Kuchenrost erkalten lassen. Die beiseite gelegten Kirschen halbieren und auf den Muffins verteilen. Muffins mit Puderzucker bestäubt servieren.

Tipp: Die Zitronenschale kann durch 1 Päckchen Dr. Oetker Finesse Geriebene Zitronenschale ersetzt werden.
Sie können die Muffins auch in doppelt ineinander gestellten Papierbackförmchen backen.

Zubereitungszeit: 25 Minuten
Backzeit: etwa 25 Minuten

Pro Stück:
E: 4 g, F: 14 g, Kh: 31 g, kJ: 1107, kcal: 262, BE: 2,5

Zitronen-Waldmeister-Muffins

Preiswert – für Kinder

Für den Schüttelteig:

- 200 g Weizenmehl
- 2 gestr. TL Dr. Oetker Backin
- 1 Prise Salz
- 125 g Puderzucker
- 1 Pck. Dr. Oetker Finesse Geriebene Zitronenschale
- 2 Eier (Größe M)
- 100 ml Speiseöl
- 175 ml Limonade (Waldmeister-Geschmack)

Für den Guss:

- 100 g Puderzucker
- 2–3 TL Zitronensaft

1 Backofen vorheizen. Für den Teig Mehl mit Backpulver, Salz und Puderzucker mischen, in eine verschließbare Schüssel (3-Liter-Inhalt) sieben. Zitronenschale, Eier, Speiseöl und Limonade hinzufügen. Schüssel mit dem Deckel fest verschließen.

2 Mehrmals (insgesamt 15–30 Sekunden) kräftig schütteln, so dass alle Zutaten gut vermischt sind. Alles mit einem Schneebesen oder Rührlöffel nochmals sorgfältig durchrühren, damit vor allem trockene Zutaten vom Rand mit untergerührt werden.

3 Den Teig in eine Muffinform (für 12 Muffins, gefettet, gemehlt) geben und glattstreichen. Die Form auf dem Rost in den vorgeheizten Backofen schieben.

Ober-/Unterhitze: etwa 180 °C
Heißluft: etwa 160 °C
Backzeit: etwa 25 Minuten.

4 Die Muffins etwa 10 Minuten in der Form stehen lassen, dann vorsichtig aus der Form lösen und auf einem Kuchenrost erkalten lassen.

5 Für den Guss Puderzucker und Zitronensaft zu einer streichfähigen Masse verrühren. Die Muffins damit überziehen. Guss fest werden lassen.

Zubereitungszeit: 15 Minuten
Backzeit: etwa 25 Minuten

Pro Stück:
E: 3 g, F: 10 g, Kh: 33 g,
kJ: 984, kcal: 235, BE: 3,0

Quark-Kirsch-Muffins

Für Kinder

Zum Vorbereiten:

1 Glas Sauerkirschen (Abtropfgewicht 360 g)

Für den All-in-Teig:

250 g Weizenmehl
3 gestr. TL Dr. Oetker Backin
1 Pck. Dr. Oetker Pudding-Pulver Vanille-Geschmack
100 g Zucker
1 Pck. Dr. Oetker Vanillin-Zucker
2 Eier (Größe M)
75 ml Speiseöl
100 ml Milch
½ Pck. (125 g) Magerquark

Zum Besprenkeln:

75 g gesiebter Puderzucker
1 EL Sauerkirschsaft

1 Zum Vorbereiten Sauerkirschen in einem Sieb gut abtropfen lassen, den Saft dabei auffangen. Backofen vorheizen.

2 Für den Teig Mehl mit Backpulver und Pudding-Pulver mischen, in eine Rührschüssel sieben. Zucker, Vanillin-Zucker, Eier, Speiseöl, Milch und Quark hinzufügen. Die Zutaten mit Handrührgerät mit Rührbesen zunächst kurz auf niedrigster, dann auf höchster Stufe in etwa 1 Minute zu einem glatten Teig verarbeiten.

3 Den Teig in eine Muffinform (für 12 Muffins, gefettet, gemehlt) geben und glattstreichen. Sauerkirschen darauf verteilen. Die Form auf dem Rost in den vorgeheizten Backofen schieben.

Ober-/Unterhitze: etwa 180 °C
Heißluft: etwa 160 °C
Backzeit: etwa 25 Minuten.

4 Die Muffins etwa 10 Minuten in der Form stehen lassen, dann vorsichtig aus der Form lösen und auf einem Kuchenrost erkalten lassen.

5 Zum Besprenkeln Puderzucker mit Sauerkirschsaft zu einer dickflüssigen Masse verrühren, in ein Pergamentpapiertütchen füllen und eine kleine Ecke abschneiden. Die Muffins mit dem Guss besprenkeln und den Guss fest werden lassen.

Zubereitungszeit: 25 Minuten, ohne Abkühlzeit
Backzeit: etwa 25 Minuten

Pro Stück:
E: 5 g, F: 8 g, Kh: 40 g,
kJ: 1090, kcal: 260, BE: 3,5

Erdbeer-Muffins
Für Kinder

Zum Vorbereiten:
- 200 g frische Erdbeeren

Für den Rührteig:
- 80 ml Sonnenblumenöl
- 120 g Zucker
- 1 Pck. Dr. Oetker Bourbon-Vanille-Zucker
- 1 TL Dr. Oetker Finesse Geriebene Zitronenschale
- 2 Eier (Größe M)
- 150 g Weizenmehl
- 1 ½ gestr. TL Dr. Oetker Backin
- 1 Prise Salz
- 70 g Haferflocken
- 100 ml Buttermilch

Zum Verzieren:
- 2 Riegel gut gekühlte Erdbeer-Joghurt-Schokolade

1 Zum Vorbereiten Erdbeeren putzen, waschen, abtropfen lassen, entstielen und in Stücke schneiden. Backofen vorheizen.

2 Für den Teig Sonnenblumenöl, Zucker, Vanille-Zucker und Zitronenschale mit Handrührgerät mit Rührbesen auf höchster Stufe geschmeidig rühren. So lange rühren, bis eine gebundene Masse entstanden ist. Eier nach und nach unterrühren (jedes Ei etwa ½ Minute). Mehl mit Backpulver und Salz mischen, sieben, abwechselnd portionsweise mit Haferflocken und Buttermilch auf mittlerer Stufe unterrühren. Zuletzt Erdbeerstücke vorsichtig unterheben.

3 Den Teig in eine Muffinform (für 12 Muffins, gefettet, gemehlt) geben und glattstreichen. Die Form auf dem Rost in den vorgeheizten Backofen schieben.

Ober-/Unterhitze: etwa 180 °C
Heißluft: etwa 160 °C
Backzeit: etwa 25 Minuten.

4 Die Muffins etwa 10 Minuten in der Form stehen lassen, dann aus der Form lösen und auf einem Kuchenrost etwas abkühlen lassen.

5 Zum Verzieren Schokolade grob raspeln. Die noch warmen Muffins damit bestreuen. Muffins erkalten lassen.

Tipp: Die Muffins schmecken auch sehr gut mit Heidelbeeren (200 g) oder Bananenstücken (etwa 150 g). Bei Bananen jedoch nur 100 g Zucker verwenden.

Zubereitungszeit:
50 Minuten, ohne Abkühlzeit
Backzeit: etwa 25 Minuten

Pro Stück:
E: 4 g, F: 9 g, Kh: 26 g,
kJ: 850, kcal: 203, BE: 2,0

Kokos-Bananen-Muffins

Für Kinder

Für den Rührteig:

100 g Kokosraspel
1 Banane (etwa 75 g)
1 EL Zitronensaft
250 g Weizenmehl
2 gestr. TL Dr. Oetker Backin
1 Msp. Natron
100 g Kokossirup
2 Eier (Größe M)
75 ml Speiseöl
1 Becher (150 g) saure Sahne

Für den Guss:

125 g gesiebter Puderzucker
1 EL Zitronensaft
evtl. etwas Wasser

1 Backofen vorheizen. Für den Teig Kokosraspel in einer Pfanne ohne Fett rösten, etwas abkühlen lassen. Banane schälen, in kleine Stücke schneiden, mit Zitronensaft beträufeln.

2 Mehl mit Backpulver und Natron mischen, in eine Rührschüssel sieben. Kokossirup, Eier, Öl und saure Sahne hinzufügen. Kokosraspel (1 Esslöffel für den Guss zurücklassen) und Bananenstücke hinzufügen, mit Handrührgerät mit Knethaken zu einem Teig verarbeiten.

3 Den Teig in eine Muffinform (für 12 Muffins, gefettet, gemehlt) geben und glattstreichen. Die Form auf dem Rost in den vorgeheizten Backofen schieben.

Ober-/Unterhitze: etwa 180 °C
Heißluft: etwa 160 °C
Backzeit: etwa 30 Minuten.

4 Die Muffins etwa 10 Minuten in der Form stehen lassen, dann vorsichtig aus der Form lösen und auf einem Kuchenrost erkalten lassen.

5 Für den Guss Puderzucker in eine Schüssel geben, mit Zitronensaft und Wasser zu einer glatten Masse verrühren. Die Muffins damit bestreichen und mit den zurückgelassenen Kokosraspeln bestreuen.

Tipp: Kokossirup wird aus Kokosmilch, Wasser und Zucker hergestellt. Er kann auch durch Kokosnusscreme (Cream of Coconut) ersetzt werden.
Statt der Banane können Sie auch 75 g Rosinen nehmen, diese aber erst zuletzt unterheben.

Zubereitungszeit:
25 Minuten
Backzeit: etwa 30 Minuten

Pro Stück:
E: 4 g, F: 18 g, Kh: 31 g,
kJ: 1256, kcal: 301, BE: 2,5

Rhabarber-Stachelbeer-Muffins

Fruchtig

Für den Belag:
- 150 g Rhabarber (vorbereitet gewogen)
- 200 g frische Stachelbeeren

Für den Rührteig:
- 100 g weiche Butter oder Margarine
- 100 g Zucker
- 1 Pck. Dr. Oetker Vanillin-Zucker
- 1 Prise Salz
- 2 Eier (Größe M)
- 200 g Weizenmehl
- 3 gestr. TL Dr. Oetker Backin

Für den Guss:
- 200 g Schmand (Sauerrahm) oder saure Sahne
- 1 Ei (Größe M)
- 35 g Zucker
- 1 Pck. Saucenpulver Vanille-Geschmack (zum Kochen)

Nach Belieben:
- etwas Puderzucker oder Hagelzucker

Außerdem:
- 12 Papierbackförmchen

Zubereitungszeit:
25 Minuten, ohne Abkühlzeit
Backzeit: etwa 30 Minuten

Pro Stück:
E: 4 g, F: 13 g, Kh: 28 g,
kJ: 1026, kcal: 245, BE: 2,5

1 Für den Belag Rhabarber abspülen und abtropfen lassen. Stielenden und Blattansätze entfernen (nicht abziehen). Rhabarber in etwa 5 cm lange Stücke schneiden. Frische Stachelbeeren putzen, abspülen und abtropfen lassen. Backofen vorheizen.

2 Für den Teig Butter oder Margarine mit Handrührgerät mit Rührbesen auf höchster Stufe geschmeidig rühren. Nach und nach Zucker, Vanillin-Zucker und Salz unterrühren. So lange rühren, bis eine gebundene Masse entstanden ist. Eier nach und nach unterrühren (jedes Ei etwa ½ Minute). Mehl mit Backpulver mischen, sieben und in 2 Portionen auf mittlerer Stufe unterrühren.

3 Den Teig in eine Muffinform (für 12 Muffins, mit Papierbackförmchen ausgelegt) geben und glattstreichen. Rhabarberstücke und Stachelbeeren darauf verteilen.

4 Für den Guss Schmand oder saure Sahne, Ei, Zucker und Saucenpulver gut verrühren. Den Guss gleichmäßig auf dem Teig verteilen. Die Form auf dem Rost in den vorgeheizten Backofen schieben.

Ober-/Unterhitze: etwa 180 °C
Heißluft: etwa 160 °C
Backzeit: etwa 30 Minuten.

5 Die Muffins etwa 10 Minuten in der Form stehen lassen, dann vorsichtig aus der Form heben und auf einem Kuchenrost erkalten lassen. Muffins nach Belieben mit Puderzucker bestäubt oder mit Hagelzucker bestreut servieren.

Tipp: Sie können die Muffins auch ohne Rhabarber zubereiten. Dann 1 Glas Stachelbeeren (Abtropfgewicht 395 g) in einem Sieb gut abtropfen lassen und auf dem Teig verteilen.

Aprikosen-Müsli-Muffins

Einfach

Zum Vorbereiten:

- 100 g getrocknete Aprikosen
- 125 ml (1/8 l) Aprikosennektar oder Multi-Vitaminsaft
- 100 g Knuspermüsli mit Rosinen

Für den All-in-Teig:

- 175 g Weizenmehl
- 2 gestr. TL Dr. Oetker Backin
- 100 g Zuckerrübensirup (Rübenkraut)
- 3 Eier (Größe M)
- 125 g zerlassene, abgekühlte Butter oder Margarine

Zum Bestäuben:

- Puderzucker

1 Zum Vorbereiten Aprikosen in kleine Würfel schneiden, in eine flache Schale geben und mit dem Nektar oder Vitaminsaft übergießen. Aprikosenwürfel etwa 1 Stunde darin einweichen. Knuspermüsli in einen Gefrierbeutel geben, Beutel fest verschließen. Knuspermüsli mit einer Teigrolle grob zerbröseln. Backofen vorheizen.

2 Für den Teig Mehl mit Backpulver mischen und in eine Rührschüssel sieben. Müslibrösel, Zuckerrübensirup, Eier und Butter oder Margarine hinzufügen. Die Zutaten mit Handrührgerät mit Rührbesen zunächst kurz auf niedrigster, dann auf höchster Stufe in etwa 1 Minute zu einem glatten Teig verarbeiten. Aprikosenwürfel unterheben.

3 Den Teig in eine Muffinform (für 12 Muffins, gefettet, gemehlt) geben und glattstreichen. Die Form auf dem Rost in den vorgeheizten Backofen schieben.

Ober-/Unterhitze: etwa 180 °C
Heißluft: etwa 160 °C
Backzeit: etwa 20 Minuten.

4 Die Muffins etwa 10 Minuten in der Form stehen lassen, dann vorsichtig aus der Form lösen und auf einem Kuchenrost erkalten lassen. Muffins mit Puderzucker bestäuben.

Zubereitungszeit: 20 Minuten, ohne Einweichzeit
Backzeit: etwa 20 Minuten

Pro Stück:
E: 5 g, F: 12 g, Kh: 28 g, kJ: 1026, kcal: 245, BE: 2,5

Heidelbeer-Vanille-Pudding-Muffins

Raffiniert

Zum Vorbereiten:

200 g frische oder
150 g TK-Heidelbeeren

Für den All-in-Teig:

225 g Weizenmehl
2 gestr. TL Dr. Oetker Backin
50–60 g Zucker
1 Pck. Dr. Oetker Vanillin-Zucker
1 Pck Dr. Oetker Finesse Zitronenschale
1 Prise Salz
2 Eier (Größe M)
100 g weiche Butter oder Margarine
100 g Vollmilchjoghurt
1 Pck. Backfeste Puddingcreme Vanille Geschmack
200 ml Milch

evtl. Puderzucker zum Bestäuben

1 Frische Heidelbeeren verlesen, vorsichtig waschen, sehr gut abtropfen lassen und mit Küchenpapier trocken tupfen. Backofen vorheizen.

2 Für den Teig Mehl mit Backpulver mischen und in eine Rührschüssel sieben. Zucker, Vanillin-Zucker, Zitronenschale, Salz, Eier, Butter oder Margarine und Joghurt hinzufügen. Die Zutaten mit Handrührgerät mit Rührbesen zunächst kurz auf niedrigster, dann auf höchster Stufe in etwa 2 Minuten zu einem glatten Teig verarbeiten.

3 Heidelbeeren (TK-Heidelbeeren unaufgetaut) vorsichtig mit einem Teigschaber unterheben (nicht zu stark rühren, die Früchte färben sonst den Teig lila).

4 Den Teig in eine Muffinform (für 12 Muffins, gefettet, gemehlt) geben. Jeweils in die Mitte eine Vertiefung drücken. Die Puddingcreme nach Packungsanleitung aber nur mit 200 ml Milch zubereiten und mit Hilfe von 1 Teelöffel in die Vertiefungen geben. Die Form auf dem Rost in den vorgeheizten Backofen schieben.

Ober-/Unterhitze: etwa 180 °C
Heißluft: etwa 160 °C
Backzeit: etwa 30 Minuten.

5 Die Muffins etwa 20 Minuten in der Form stehen lassen, dann vorsichtig aus der Form lösen und auf einem Kuchenrost erkalten lassen. Nach Belieben mit Puderzucker bestäubt servieren.

Zubereitungszeit:
30 Minuten, ohne Abkühlzeit
Backzeit: etwa 30 Minuten

Pro Stück:
E: 4 g, F: 10 g, Kh: 26 g,
kJ: 892, kcal: 213, BE: 2,0

Orangen-Malzbier-Muffins

Für Gäste – mit Alkohol

Für den Schüttelteig:

100 g Butter oder Margarine
200 g Weizenmehl
2 gestr. TL Dr. Oetker Backin
1 Prise Salz
125 g Puderzucker
50 g abgezogene, gemahlene Mandeln
2 Eier (Größe M)
175 ml Malzbier

100 g Orangenmarmelade

Für den Guss:

2 TL Zitronensaft
2 EL Orangenmarmelade

1 Backofen vorheizen. Für den Teig Butter oder Margarine in einem kleinen Topf zerlassen und abkühlen lassen. Mehl mit Backpulver, Salz und Puderzucker mischen, in eine verschließbare Schüssel (3-Liter-Inhalt) sieben. Mandeln untermischen. Butter, Eier und Malzbier hinzugeben. Schüssel mit dem Deckel verschließen.

2 Mehrmals (insgesamt 15–30 Sekunden) kräftig schütteln, so dass alle Zutaten gut vermischt sind. Alles mit einem Schneebesen oder Rührlöffel nochmals sorgfältig durchrühren, damit vor allem trockene Zutaten vom Rand mit untergerührt werden.

3 Die Hälfte des Teiges in eine Muffinform (für 12 Muffins, gefettet, gemehlt) geben. Jeweils 1 Teelöffel Marmelade daraufgeben und den restlichen Teig darauf verteilen.

4 Die Form auf dem Rost in den vorgeheizten Backofen schieben.

Ober-/Unterhitze: etwa 180 °C
Heißluft: etwa 160 °C
Backzeit: etwa 25 Minuten.

5 Die Muffins etwa 10 Minuten in der Form stehen lassen, dann vorsichtig aus der Form lösen und auf einem Kuchenrost erkalten lassen.

6 Für den Guss Zitronensaft mit Marmelade verrühren und in einem kleinen Topf unter Rühren kurz erwärmen. Die Muffins damit bestreichen. Den Guss fest werden lassen.

Zubereitungszeit: 20 Minuten
Backzeit: etwa 20 Minuten

Pro Stück:
E: 4 g, F: 11 g, Kh: 34 g, kJ: 1056, kcal: 252, BE: 3,0

Johannisbeer-Rahm-Muffins

Beliebt

Für den Rührteig:

- 125 g Butter oder Margarine
- 125 g Zucker
- 1 Pck. Dr. Oetker Vanillin-Zucker
- 1 Prise Salz
- 2 Eier (Größe M)
- 175 g Weizenmehl
- 1 Pck. Dr. Oetker Pudding-Pulver Vanille-Geschmack (1 gestr. EL für die Schmandmasse davon abnehmen)
- ½ gestr. TL Dr. Oetker Backin

- 150 g frische Johannisbeeren oder TK-Johannisbeeren

Für die Schmandcreme:

- 1 Ei (Größe M)
- 50 g Zucker
- 1 Becher (150 g) Crème fraîche oder Schmand
- 1 gestr. EL Dr. Oetker Pudding-Pulver Vanille-Geschmack (aus der oben angegebenen Packung)
- 2 EL abgezogene, gehobelte Mandeln

1 Backofen vorheizen. Für den Teig Butter oder Margarine mit Handrührgerät mit Rührbesen auf höchster Stufe geschmeidig rühren. Nach und nach Zucker, Vanillin-Zucker und Salz unterrühren. So lange rühren, bis eine gebundene Masse entstanden ist.

2 Eier nach und nach unterrühren (jedes Ei etwa ½ Minute). Mehl mit Pudding-Pulver und Backpulver mischen, sieben und in 2 Portionen auf mittlerer Stufe unterrühren. Den Teig in eine Muffinform (für 12 Muffins, mit Papierbackförmchen ausgelegt) geben, so dass die Förmchen zur Hälfte mit dem Teig gefüllt sind und glattstreichen.

3 Frische Johannisbeeren verlesen, abspülen, gut abtropfen lassen und entstielen.

4 Für die Schmandcreme Ei, Zucker, Crème fraîche oder Schmand und Pudding-Pulver gut verrühren.

5 Johannisbeeren auf dem Teig verteilen (TK-Johannisbeeren unaufgetaut auf den Teig geben). Schmandcreme darauf verteilen. Mit Mandeln bestreuen. Die Form auf dem Rost in den vorgeheizten Backofen schieben.

Ober-/Unterhitze: etwa 180 °C
Heißluft: etwa 160 °C
Backzeit: etwa 30 Minuten.

6 Die Muffins etwa 10 Minuten in der Form stehen lassen, dann vorsichtig aus der Form heben und auf einem Kuchenrost erkalten lassen.

Zubereitungszeit:
25 Minuten, ohne Abkühlzeit
Backzeit: etwa 30 Minuten

Pro Stück:
E: 4 g, F: 15 g, Kh: 30 g,
kJ: 1157, kcal: 277, BE: 2,5

Vanille-Quark-Muffins

Fruchtig – für Gäste

Zum Vorbereiten:
- 175 g Physalis (Kapstachelbeeren)

Für den All-in-Teig:
- 150 g Weizenmehl
- 2 gestr. TL Dr. Oetker Backin
- 1 Prise Salz
- 150 g Zucker
- 1 Pck. Grießbrei nach klassischer Art, z. B. Süße Mahlzeit Dr. Oetker
- 3 Eier (Größe M)
- 125 g weiche Butter oder Margarine
- 200 g Speisequark (40 % Fett)
- 100 g Vanillejoghurt

Für den Guss:
- 100 g Puderzucker
- 2-4 TL heißes Wasser oder Zitronensaft

- 12 Physalis zum Garnieren

1 Zum Vorbereiten Physalis abspülen und trocken tupfen. 12 Physalis beiseitelegen. Die restlichen Früchte aus den Hülsen befreien und halbieren. Backofen vorheizen.

2 Für den Teig Mehl mit Backpulver und Salz mischen, in eine Rührschüssel sieben. Zucker und Grießbrei untermischen. Eier, Butter oder Margarine, Quark und Joghurt hinzugeben. Die Zutaten mit Handrührgerät mit Rührbesen zunächst kurz auf niedrigster, dann auf höchster Stufe in etwa 1 Minute zu einem glatten Teig verarbeiten. Halbierte Physalis unterheben.

3 Den Teig in eine Muffinform (für 12 Muffins, gefettet, gemehlt) geben und glattstreichen. Die Form auf dem Rost in den vorgeheizten Backofen schieben.

Ober-/Unterhitze: etwa 180 °C
Heißluft: etwa 160 °C
Backzeit: etwa 25 Minuten.

4 Die Muffins etwa 10 Minuten in der Form stehen lassen, dann aus der Form lösen und auf einem mit Backpapier belegten Kuchenrost erkalten lassen.

5 Für den Guss Puderzucker mit Wasser oder Zitronensaft zu einem dünnflüssigen Guss verrühren. Die Muffins damit überziehen. Jeweils eine Physalis daraufsetzen. Guss fest werden lassen.

Zubereitungszeit: 25 Minuten
Backzeit: etwa 25 Minuten

Pro Stück:
E: 6 g, F: 13 g, Kh: 39 g, kJ: 1275, kcal: 304, BE: 3,5

Rote-Grütze-Muffins

Etwas aufwendiger

Für den Quark-Öl-Teig:

300 g Weizenmehl
1 Pck. Dr. Oetker Backin
75 g Zucker
150 g Magerquark
6 EL Milch
6 EL Speiseöl

Für die Füllung:

250 g Dr. Oetker Rote Grütze (aus dem Kühlregal)
1 TL Weizenmehl
300 g Dr. Oetker Sahne-Pudding Vanille-Geschmack (aus dem Kühlregal)

1 Backofen vorheizen. Für den Quark-Öl-Teig Mehl mit Backpulver mischen und in eine Rührschüssel sieben. Zucker, Quark, Milch und Öl hinzufügen. Die Zutaten mit Handrührgerät mit Knethaken auf höchster Stufe in etwa 1 Minute zu einem Teig verarbeiten (nicht zu lange, Teig klebt sonst).

2 Den Teig zu einer Rolle formen und in 12 gleiche Scheiben schneiden. Jede Teigscheibe auf der bemehlten Arbeitsfläche zu einer runden Platte (Ø etwa 11 cm) ausrollen.

3 Platten in die Mulden einer Muffinform (für 12 Muffins, gefettet, gemehlt) legen, rundherum andrücken und die Teigränder überstehen lassen.

4 Für die Füllung Rote Grütze und Mehl mit einem Schneebesen verrühren. Rote Grütze in die Mulden füllen. Die Form auf dem Rost in den vorgeheizten Backofen schieben.

Ober-/Unterhitze: etwa 180 °C
Heißluft: etwa 160 °C
Backzeit: etwa 20 Minuten.

5 Die Muffins etwa 10 Minuten in der Form stehen lassen, dann vorsichtig aus der Form lösen und auf einen Kuchenrost setzen. Etwa 1 Stunde erkalten lassen, dann den Pudding in die Vertiefungen der Muffins füllen.

Zubereitungszeit:
50 Minuten, ohne Abkühlzeit
Backzeit: etwa 20 Minuten

Pro Stück:
E: 5 g, F: 8 g, Kh: 35 g,
kJ: 1009, kcal: 241, BE: 3,0

Muffins mit Schokolade, Kaffee oder Alkohol

Mit Alkohol

Espresso-Karamell-Muffins

Für den Rührteig:

150 g Butter oder Margarine
150 g Zucker
1 Prise Salz
3 Eier (Größe M)
200 g Weizenmehl
1 gestr. TL Dr. Oetker Backin
1 ½ gestr. TL Instant-Espresso-Pulver
1 EL brauner Rum
100 g Daim Minis

Für den Guss:

2–3 TL Instant-Espresso-Pulver
2 EL heißes Wasser
4–5 EL Puderzucker

1 Backofen vorheizen. Für den Teig Butter oder Margarine mit Handrührgerät mit Rührbesen auf höchster Stufe geschmeidig rühren. Nach und nach Zucker und Salz unterrühren. So lange rühren, bis eine gebundene Masse entstanden ist.

2 Eier nach und nach unterrühren (jedes Ei etwa ½ Minute). Mehl mit Backpulver mischen, sieben und in 2 Portionen auf mittlerer Stufe unterrühren. Den Teig halbieren. Espresso-Pulver mit Rum verrühren und unter eine Teighälfte rühren. Daim Minis hacken.

3 Jeweils nebeneinander 1 gehäuften Teelöffel des dunklen und hellen Teiges in die Mulden einer Muffinform (für 12 Muffins, mit Papierbackförmchen ausgelegt) geben. Gut die Hälfte der gehackten Daim Minis daraufgeben. Den restlichen hellen und dunklen Teig versetzt darauf verteilen. Die restlichen gehackten Daim Minis auf die Teigmitte streuen. Die Form auf dem Rost in den vorgeheizten Backofen schieben.

Ober-/Unterhitze: etwa 180 °C
Heißluft: etwa 160 °C
Backzeit: etwa 25 Minuten.

4 Die Muffins etwa 10 Minuten in der Form stehen lassen, dann vorsichtig aus der Form lösen und auf einem Kuchenrost erkalten lassen.

5 Für den Guss Espresso-Pulver und Wasser verrühren. Puderzucker nach und nach unterrühren. Die Muffins mit dem Guss bestreichen. Guss fest werden lassen.

Zubereitungszeit:
40 Minuten, ohne Abkühlzeit
Backzeit:
etwa 25 Minuten

Insgesamt:
E: 4 g, F: 15 g, Kh: 33 g,
kJ: 1198, kcal: 286, BE: 3,0

Kaffeemuffins

Für Gäste – mit Alkohol

Zum Vorbereiten:

125 ml (⅛ l) heißes Wasser
2 geh. TL lösliches Kaffeepulver

Für den Rührteig:

125 g Butter oder Margarine
175 g Zucker
1 Pck. Dr. Oetker Finesse Bourbon-Vanille-Aroma
2 Eier (Größe M)
175 g Weizenmehl
2 gestr. TL Dr. Oetker Backin
20 g Kakaopulver
1-2 EL Rum

Für den Guss:

100 g Puderzucker
½ TL lösliches Kaffeepulver
1-2 EL heißes Wasser

Zum Bestreuen:

etwas Raspelschokolade

1 Zum Vorbereiten Wasser mit Kaffeepulver verrühren und erkalten lassen. Backofen vorheizen.

2 Für den Teig Butter oder Margarine mit Handrührgerät mit Rührbesen auf höchster Stufe geschmeidig rühren. Nach und nach Zucker und Aroma unterrühren. So lange rühren, bis eine gebundene Masse entstanden ist.

3 Eier nach und nach unterrühren (jedes Ei etwa ½ Minute). Mehl mit Backpulver und Kakao mischen, sieben und portionsweise auf mittlerer Stufe unterrühren. Zuletzt Rum und Kaffee unterrühren.

4 Teig in einer Muffinform (für 12 Muffins, gefettet, gemehlt) verteilen und glattstreichen. Die Form auf dem Rost in den vorgeheizten Backofen schieben.

Ober-/Unterhitze: etwa 180 °C
Heißluft: etwa 160 °C
Backzeit: etwa 20 Minuten.

5 Muffins 10 Minuten in der Form stehen lassen, dann vorsichtig aus der Form lösen und auf einen Kuchenrost stellen.

6 Für den Guss Puderzucker mit Kaffeepulver mischen, mit Wasser verrühren und die noch etwas warmen Muffins damit bestreichen. Raspelschokolade daraufstreuen und die Muffins vollständig erkalten lassen.

Tipp: Sie können den Rum im Teig durch Milch ersetzen.
Geben Sie zusätzlich noch 50 g fein gehackte Mokkaschokolade in den fertig gerührten Teig.

Zubereitungszeit: 30 Minuten
Backzeit: etwa 20 Minuten

Pro Stück:
E: 3 g, F: 11 g, Kh: 35 g,
kJ: 1087, kcal: 260, BE: 3,0

Mousse-au-Chocolat-Muffins

Raffiniert

Für den Teig:

150 g Zartbitter-Schokolade
120 g Butter
4 Eiweiß (Größe M)
1 Prise Salz
4 Eigelb (Größe M)
80 g Zucker
1 Pck. Dr. Oetker Bourbon-Vanille-Zucker
70 g abgezogene, gemahlene Mandeln
1 Pck. Gala Schokoladen-Pudding-Pulver
1 Msp. Dr. Oetker Backin

Nach Belieben zum Bestäuben:

1 EL Kakaopulver

1 Backofen vorheizen. Für den Teig Schokolade in Stücke brechen, mit Butter in einem kleinen Topf bei schwacher Hitze schmelzen, beiseitestellen und abkühlen lassen. Eiweiß mit Salz so steif schlagen, dass ein Messerschnitt sichtbar bleibt.

2 Eigelb mit Zucker und Vanille-Zucker in einer Rührschüssel mit Handrührgerät mit Rührbesen weiß schaumig rühren. Die Schokoladenmasse unterrühren. Eischnee unterheben. Mandeln mit Pudding-Pulver und Backpulver mischen und ebenfalls unterheben.

3 Den Teig in eine Muffinform (für 12 Muffins, gefettet, gemehlt) geben und glattstreichen. Die Form auf dem Rost in den vorgeheizten Backofen schieben.

Ober-/Unterhitze: etwa 180 °C
Heißluft: etwa 160 °C
Backzeit: 25–30 Minuten.

4 Die Muffins etwa 10 Minuten in der Form stehen lassen, dann vorsichtig aus der Form lösen und auf einem Kuchenrost erkalten lassen. Muffins nach Belieben mit Kakao bestäubt servieren.

Zubereitungszeit:
30 Minuten, ohne Abkühlzeit
Backzeit: 25–30 Minuten

Pro Stück:
E: 5 g, F: 19 g, Kh: 17 g,
kJ: 1061, kcal: 253, BE: 1,5

Eierlikör-Beeren-Muffins

Mit Alkohol – fruchtig

Für den Biskuitteig:

3 Eier (Größe M)
100 g gesiebter Puderzucker
1 Prise Salz
100 ml Eierlikör
150 ml Sonnenblumenöl
125 g Weizenmehl
100 g Speisestärke
2 gestr. TL Dr. Oetker Backin
150 g TK-Beerenmischung

200 g Schlagsahne
1 Pck. Dr. Oetker Vanillin-Zucker

3 EL Eierlikör

Außerdem:

12 Papierbackförmchen

1 Backofen vorheizen. Für den Teig Eier mit Handrührgerät mit Rührbesen auf höchster Stufe in etwa 1 Minute schaumig schlagen. Puderzucker mit Salz mischen, in etwa 1 Minute einstreuen, dann noch etwa 2 Minuten schlagen. Eierlikör und Sonnenblumenöl unterrühren.

2 Mehl, Speisestärke und Backpulver mischen, die Hälfte davon auf die Eiercreme sieben, kurz auf niedrigster Stufe unterrühren. Restliches Mehlgemisch auf die gleiche Weise unterarbeiten. Die gefrorenen Beeren unterheben.

3 Den Teig in eine Muffinform (für 12 Muffins, mit Papierbackförmchen ausgelegt) geben und glattstreichen. Die Form auf dem Rost in den vorgeheizten Backofen schieben.

Ober-/Unterhitze: etwa 180 °C
Heißluft: etwa 160 °C
Backzeit: 25–30 Minuten.

4 Die Muffins etwa 10 Minuten in der Form stehen lassen, dann vorsichtig aus der Form lösen und auf einem Kuchenrost erkalten lassen.

5 Sahne mit Vanillin-Zucker steifschlagen. Jeweils einen Klecks Sahne auf die Muffins geben. Mit Eierlikör beträufeln.

Zubereitungszeit:
20 Minuten, ohne Abkühlzeit
Backzeit: 25–30 Minuten

Pro Stück:
E: 4 g, F: 20 g, Kh: 28 g,
kJ: 1342, kcal: 321, BE: 2,5

Amaretto-Muffins

Raffiniert – mit Alkohol

Zum Vorbereiten:

- 2 mittelgroße, säuerliche Äpfel (z. B. Boskop)
- 2 EL Zitronensaft
- 75 g Backpflaumen
- 2 EL Orangensaft
- 3 EL Amaretto-Likör

Für den Rührteig:

- 75 g Joghurtbutter
- 100 g Zucker
- 1 Pck. Dr. Oetker Vanillin-Zucker
- 6 Tropfen Dr. Oetker Amaretto-Bittermandel-Aroma
- ½ TL gemahlener Zimt
- 3 Eigelb (Größe M)
- 175 g Weizenmehl
- 3 gestr. TL Dr. Oetker Backin
- 3 Eiweiß (Größe M)

Semmelbrösel

Zum Bestäuben:

- 1 EL Puderzucker

1 Zum Vorbereiten Äpfel schälen, halbieren und entkernen. Apfelhälften in etwa 12 gleich große Stücke schneiden. Mit Zitronensaft beträufeln. Backpflaumen, Orangensaft und Amaretto in einen hohen Rührbecher geben und fein pürieren. Backofen vorheizen.

2 Für den Teig Butter mit Handrührgerät mit Rührbesen auf höchster Stufe geschmeidig rühren. Nach und nach Zucker, Vanillin-Zucker, Aroma und Zimt unterrühren. So lange rühren, bis eine gebundene Masse entstanden ist.

3 Eigelb nach und nach unterrühren. Pflaumenpüree unterrühren. Mehl mit Backpulver mischen, sieben und in 2 Portionen auf mittlerer Stufe unterrühren. Eiweiß steifschlagen und vorsichtig unterheben.

4 Jeweils 1 Esslöffel Teig in je 1 Mulde einer Muffinform (für 12 Muffins, gefettet, mit Semmelbröseln ausgestreut) geben. Jeweils ein Apfelstück daraufgeben und mit dem restlichen Teig bedecken. Die Form auf dem Rost in den vorgeheizten Backofen schieben.

Ober-/Unterhitze: etwa 180 °C
Heißluft: etwa 160 °C
Backzeit: 30–35 Minuten.

5 Die Muffins etwa 10 Minuten in der Form stehen lassen, dann vorsichtig aus der Form lösen und auf einem Kuchenrost erkalten lassen. Die Muffins mit Puderzucker bestäubt servieren.

Zubereitungszeit:
40 Minuten, ohne Abkühlzeit
Backzeit: 30–35 Minuten

Pro Stück:
E: 4 g, F: 7 g, Kh: 28 g,
kJ: 818, kcal: 196, BE: 2,5

Schokoladen-Whisky-Muffins

Für Gäste – mit Alkohol

Zum Vorbereiten:
150 g Blockschokolade
100 g Butter oder Margarine

Für den All-in-Teig:
250 g Weizenmehl
2 gestr. TL Dr. Oetker Backin
½ gestr. TL Natron
150 g Zucker
1 Pck. Dr. Oetker Vanillin-Zucker
1 Prise Salz
2 Eier (Größe M)
100 ml starker Kaffee
4 EL Whisky
50 g Raspelschokolade

Für die Creme:
1-2 Becher Crème double (je 125 g)
2-3 EL Whisky
1 Pck. Dr. Oetker Vanillin-Zucker
etwas Zucker

1 Zum Vorbereiten Blockschokolade in Stücke brechen, mit Butter oder Margarine in einem kleinen Topf im Wasserbad bei schwacher Hitze zu einer geschmeidigen Masse verrühren. Den Backofen vorheizen.

2 Für den Teig Mehl mit Backpulver und Natron mischen, in eine Rührschüssel sieben, mit Zucker, Vanillin-Zucker und Salz vermischen.

3 Eier, Kaffee, Whisky und die Schokoladen-Fett-Mischung hinzufügen. Mit Handrührgerät mit Knethaken zu einem glatten Teig verarbeiten. Zuletzt die Raspelschokolade unterrühren.

4 Den Teig in eine Muffinform (für 12 Muffins, gefettet, gemehlt) geben und glattstreichen. Die Form auf dem Rost in den vorgeheizten Backofen schieben.

Ober-/Unterhitze: etwa 180 °C
Heißluft: etwa 160 °C
Backzeit: etwa 25 Minuten.

5 Die Muffins etwa 10 Minuten in der Form stehen lassen, dann vorsichtig aus der Form lösen und auf einem Kuchenrost erkalten lassen.

6 Für die Creme die Crème double mit Handrührgerät mit Rührbesen anschlagen, Whisky unterheben und mit Vanillin-Zucker und Zucker abschmecken. Die Creme auf die Muffins geben.

Zubereitungszeit: 35 Minuten
Backzeit: etwa 25 Minuten

Pro Stück:
E: 5 g, F: 20 g, Kh: 40 g, kJ: 1568, kcal: 375, BE: 3,5

Schoko-Chili-Muffins

Raffiniert

Zum Vorbereiten:

2 rote Chilischoten

Für den Rührteig:

125 g weiche Butter oder Margarine
125 g Zucker
3 Eier (Größe M)
15 g Kakaopulver
150 g Weizenmehl
1 ½ gestr. TL Dr. Oetker Backin
2 Tropfen Tabasco
100 g Raspelschokolade

Für den Guss:

50 g Zartbitter-Schokolade
1 TL Speiseöl

Außerdem:

12 Papierbackförmchen

1 Zum Vorbereiten Chili halbieren, entstielen, entkernen und die weißen Scheidewände entfernen. Chili abspülen, trocken tupfen und sehr fein würfeln. ½ Teelöffel Chiliwürfel beiseitelegen. Den Backofen vorheizen.

2 Für den Teig weiche Butter oder Margarine mit Handrührgerät mit Rührbesen auf höchster Stufe geschmeidig rühren. Zucker nach und nach hinzugeben und so lange rühren, bis eine gebundene Masse entstanden ist. Eier nach und nach unterrühren (jedes Ei etwa ½ Minute).

3 Kakao, Mehl und Backpulver mischen und in 2 Portionen auf mittlerer Stufe unterrühren. Tabasco und drei Viertel der Chiliwürfel hinzufügen. Raspelschokolade unterheben.

4 Den Teig in eine Muffinform (für 12 Muffins, mit Papierbackförmchen ausgelegt) verteilen und glattstreichen. Die Form auf dem Rost in den vorgeheizten Backofen schieben.

Ober-/Unterhitze: etwa 180 °C
Heißluft: etwa 160 °C
Backzeit: etwa 25 Minuten.

5 Die Muffins etwa 10 Minuten in der Form stehen lassen, dann vorsichtig aus der Form lösen und auf einem Kuchenrost erkalten lassen.

6 Für den Guss Schokolade in kleine Stücke brechen, mit Speiseöl in einem kleinen Topf im Wasserbad bei schwacher Hitze schmelzen. Die Muffins damit verzieren und mit den restlichen Chiliwürfeln bestreuen. Guss fest werden lassen.

Zubereitungszeit: 30 Minuten
Backzeit: etwa 25 Minuten

Pro Stück:
E: 3 g, F: 14 g, Kh: 17 g, kJ: 876, kcal: 209, BE: 1,5

Cafe-Latte-Muffins

Für Gäste

Für den All-in-Teig:
- 200 g Weizenmehl
- 3 gestr. TL Dr. Oetker Backin
- 125 g Zucker
- 1 Pck. Dr. Oetker Vanillin-Zucker
- 2 Eier (Größe M)
- 150 g weiche Butter oder Margarine
- 125 ml (⅛ l) Milch

Für den dunklen Teig:
- 3 TL Instant-Kaffeepulver
- 3 EL heißes Wasser
- 15 g gesiebtes Kakaopulver
- 1 TL Zucker

Für den hellen Teig:
- 50 g aufgelöste weiße Schokolade

Für den Guss:
- 50 g weiße Schokolade
- 2 TL Speiseöl

- 12 Mokkabohnen
- Kakaopulver

1 Backofen vorheizen. Für den Teig Mehl mit Backpulver mischen und in eine Rührschüssel sieben. Zucker, Vanillin-Zucker, Eier, Butter oder Margarine und Milch hinzufügen. Die Zutaten mit Handrührgerät mit Rührbesen zunächst kurz auf niedrigster, dann auf höchster Stufe in etwa 1 Minute zu einem glatten Teig verarbeiten. Ein Drittel des Teiges abnehmen und beiseitestellen.

2 Für den dunklen Teig Kaffeepulver mit Wasser auflösen und etwas abkühlen lassen. Kaffeelösung mit Kakao und Zucker unter den restlichen Teig rühren. Den Teig in eine Muffinform (für 12 Muffins, gefettet, gemehlt) geben und glattstreichen.

3 Für den hellen Teig die Schokolade unter den beiseite gestellten Teig rühren und auf dem dunklen Teig verteilen. Die Form auf dem Rost in den vorgeheizten Backofen schieben.

Ober-/Unterhitze: etwa 180 °C
Heißluft: etwa 160 °C
Backzeit: etwa 25 Minuten.

4 Die Muffins etwa 10 Minuten in der Form stehen lassen, dann vorsichtig aus der Form lösen und auf einem Kuchenrost erkalten lassen.

5 Für den Guss Schokolade in Stücke brechen, mit Speiseöl in einem kleinen Topf im Wasserbad schmelzen. Die Muffins mit dem Guss bestreichen und mit je 1 Mokkabohne garnieren. Guss fest werden lassen. Vor dem Servieren mit Kakao bestäuben.

Zubereitungszeit:
25 Minuten, ohne Abkühlzeit
Backzeit: etwa 25 Minuten

Pro Stück:
E: 4 g, F: 17 g, Kh: 31 g,
kJ: 1222, kcal: 292, BE: 2,5

Schoko-Marzipan-Muffins

Für Kinder

Zum Vorbereiten:
150 g Marzipan-Rohmasse

Für den All-in-Teig:
250 g Weizenmehl
2½ gestr. TL Dr. Oetker Backin
30 g Kakaopulver
100 g Zucker
1 Pck. Dr. Oetker Finesse Bourbon-Vanille-Aroma
4 Eier (Größe M)
125 ml (⅛ l) Speiseöl
150 ml Buttermilch

Zum Bestäuben:
etwas Kakaopulver

1 Zum Vorbereiten Marzipan in kleine Stücke schneiden. Den Backofen vorheizen.

2 Für den Teig Mehl mit Backpulver und Kakao mischen und in eine Rührschüssel sieben. Zucker, Aroma, Eier, Speiseöl und Buttermilch hinzufügen. Die Zutaten mit Handrührgerät mit Rührbesen zunächst kurz auf niedrigster, dann auf höchster Stufe in etwa 1 Minute zu einem glatten Teig verarbeiten. Etwa zwei Drittel Marzipan unterheben.

3 Den Teig in eine Muffinform (für 12 Muffins, gefettet, gemehlt) geben und glattstreichen. Restliches Marzipan auf der Teigoberfläche verteilen. Die Form auf dem Rost in den vorgeheizten Backofen schieben.

Ober-/Unterhitze: etwa 180 °C
Heißluft: etwa 160 °C
Backzeit: etwa 25 Minuten.

4 Die Muffins etwa 10 Minuten in der Form stehen lassen, dann vorsichtig aus der Form lösen und auf einem Kuchenrost erkalten lassen. Mit Kakaopulver bestäubt servieren.

Tipp: Falls keine Muffinform vorhanden ist, kann der Teig auch in zwölf doppelt ineinander gestellte Papierbackförmchen gefüllt werden. Papierbackförmchen auf ein Backblech stellen und bei gleicher Backofeneinstellung backen.

Zubereitungszeit:
15 Minuten, ohne Abkühlzeit
Backzeit: etwa 30 Minuten

Pro Stück:
E: 7 g, F: 19 g, Kh: 30 g,
kJ: 1319, kcal: 315, BE: 2,5

Kernige Muffins

Crunch mit Haselnüssen, Mandeln & Co.

Schnell

Zitronen-Buttermilch-Muffins

Für den All-in-Teig:
- abgeriebene Schale von 1 Bio-Zitrone (unbehandelt, ungewachst)
- 200 g Weizenmehl
- 3 gestr. TL Dr. Oetker Backin
- 200 g Zucker
- 1 Pck. Dr. Oetker Vanillin-Zucker
- 2 Eier (Größe M)
- 200 ml Zitronen-Buttermilch

Für den Belag:
- 50 g Butter
- 50 g Zucker
- 125 g abgezogene, gehobelte Mandeln oder gehobelte Haselnusskerne oder Kokosraspel

1 Backofen vorheizen. Für den Teig Zitrone heiß abwaschen, trocken tupfen und die Schale abreiben. Mehl mit Backpulver mischen und in eine Rührschüssel sieben. Zucker, Vanillin-Zucker, Eier, Buttermilch und Zitronenschale hinzufügen. Die Zutaten mit Handrührgerät mit Rührbesen zunächst kurz auf niedrigster, dann auf höchster Stufe in etwa 2 Minuten zu einem glatten Teig verarbeiten.

2 Den Teig in eine Muffinform (für 12 Muffins, gefettet, gemehlt) geben und glattstreichen. Die Form auf dem Rost in den vorgeheizten Backofen schieben und die Muffins vorbacken.

Ober-/Unterhitze: etwa 180 °C
Heißluft: etwa 160 °C
Backzeit: etwa 10 Minuten.

3 Die Form aus dem Backofen nehmen, auf einen Kuchenrost stellen.

4 Für den Belag Butter mit Zucker in einem Topf zerlassen. Mandeln oder Haselnusskerne oder Kokosraspel unterrühren. Die Masse auf die vorgebackenen Muffins streichen. Das Backblech wieder in den Backofen schieben und die Muffins **bei gleicher Backofeneinstellung in etwa 15 Minuten** fertig backen.

5 Die Muffins etwa 10 Minuten in der Form stehen lassen, dann vorsichtig aus der Form lösen und auf einem Kuchenrost erkalten lassen.

Tipp: Statt Buttermilch kann auch Sahne verwendet werden. Zitronenschale kann durch 1 Päckchen Dr. Oetker Finesse Geriebene Zitronenschale ersetzt werden.

Zubereitungszeit:
20 Minuten, ohne Abkühlzeit
Backzeit: etwa 25 Minuten

Pro Stück:
E: 5 g, F: 12 g, Kh: 37 g,
kJ: 1138, kcal: 272, BE: 3,0

Macadamianuss-Muffins

Einfach – mit Alkohol

Zum Vorbereiten:

125 g Macadamianusskerne

Für den Rührteig:

150 g Butter oder Margarine
125 g Zucker
1 Pck. Dr. Oetker Vanillin-Zucker
1 Prise Salz
1 Tropfen Dr. Oetker Finesse Amaretto-Bittermandel-Aroma
3 Eier (Größe M)
200 g Weizenmehl
3 gestr. TL Dr. Oetker Backin
1 Pck. Dr. Oetker Finesse Jamaica-Rum-Aroma

Für den Guss:

50 g gesiebter Puderzucker
1 EL Orangensaft

Zum Garnieren:

6 Belegkirschen

1 Zum Vorbereiten Macadamianusskerne mahlen, in einer Pfanne ohne Fett rösten, herausnehmen und auf einem Teller erkalten lassen. Backofen vorheizen.

2 Für den Teig Butter oder Margarine mit Handrührgerät mit Rührbesen auf höchster Stufe geschmeidig rühren. Nach und nach Zucker, Vanillin-Zucker, Salz und Bittermandel-Aroma unterrühren. So lange rühren, bis eine gebundene Masse entstanden ist. Eier nach und nach unterrühren (jedes Ei etwa ½ Minute).

3 Mehl mit Backpulver mischen, sieben und in 2 Portionen mit dem Rum-Aroma auf mittlerer Stufe unterrühren. 100 g geröstete Macadamianusskerne unterheben.

4 Den Teig in eine Muffinform (für 12 Muffins, gefettet, gemehlt) geben und glattstreichen. Die Form auf dem Rost in den vorgeheizten Backofen schieben.

Ober-/Unterhitze: etwa 180 °C
Heißluft: etwa 160 °C
Backzeit: etwa 25 Minuten.

5 Die Muffins etwa 10 Minuten in der Form stehen lassen, dann vorsichtig aus der Form lösen und auf einem Kuchenrost erkalten lassen.

6 Für den Guss Puderzucker mit Orangensaft zu einer dickflüssigen Masse verrühren und mit Hilfe eines Teelöffels auf den noch lauwarmen Muffins verteilen.

7 Zum Garnieren die Belegkirschen halbieren und je eine Hälfte auf einen Muffin setzen.

Tipp: Anstelle von Macadamianusskernen eignen sich auch Haselnusskerne oder Paranusskerne.

Zubereitungszeit:
30 Minuten, ohne Abkühlzeit
Backzeit: etwa 25 Minuten

Pro Stück:
E: 4 g, F: 19 g, Kh: 29 g,
kJ: 1280, kcal: 306, BE: 2,5

Hagebutten-Haferflocken-Muffins

Für Kinder – schnell

Zum Vorbereiten:

125 g Nuss-Nougat

Für den Schüttelteig:

125 g Weizenmehl
2 gestr. TL Dr. Oetker Backin
1 Prise Salz
70 g kernige Haferflocken
50 g gemahlene Haselnusskerne
175 g Hagebutten-Fruchtaufstrich (50 % Fruchtgehalt)
Saft von ½ Zitrone
200 ml Buttermilch
2 Eier (Größe M)
100 ml Speiseöl

Zum Bestreuen:

1–2 TL kernige Haferflocken

Nach Belieben zum Bestäuben:

etwas Puderzucker

1 Zum Vorbereiten Nougat in kleine Würfel schneiden. Backofen vorheizen.

2 Für den Teig Mehl mit Backpulver und Salz mischen, in eine verschließbare Schüssel (3-Liter-Inhalt) sieben, mit Haferflocken und Nusskernen mischen. Fruchtaufstrich, Zitronensaft, Buttermilch, Eier und Speiseöl hinzufügen. Schüssel mit dem Deckel fest verschließen.

3 Mehrmals (insgesamt 15–30 Sekunden) kräftig schütteln, so dass alle Zutaten gut vermischt sind. Alles mit einem Schneebesen oder Rührlöffel nochmals sorgfältig durchrühren, damit vor allem trockene Zutaten vom Rand mit untergerührt werden.

4 Den Teig in eine Muffinform (für 12 Muffins, gefettet, gemehlt) geben und glattstreichen. Haferflocken darauf verteilen. Die Form auf dem Rost in den vorgeheizten Backofen schieben.

Ober-/Unterhitze: etwa 180 °C
Heißluft: etwa 160 °C
Backzeit: etwa 25 Minuten.

5 Die Muffins etwa 10 Minuten in der Form stehen lassen, dann vorsichtig aus der Form lösen und auf einem Kuchenrost erkalten lassen. Muffins nach Belieben mit Puderzucker bestreuen.

Zubereitungszeit: 20 Minuten
Backzeit: etwa 25 Minuten

Pro Stück:
E: 5 g, F: 16 g, Kh: 26 g, kJ: 1119, kcal: 267, BE: 2,0

Himbeer-Frischkäse-Muffins mit Kürbiskernen

Gut vorzubereiten

Zum Vorbereiten:

125 g frische oder TK-Himbeeren

Für den All-in Teig:

250 g Weizenmehl
2 gestr. TL Dr. Oetker Backin
150 g Zucker
1 Msp. Salz
2 Eier (Größe M)
125 g weiche Butter oder Margarine
125 ml (⅛ l) Milch
150 g Doppelrahm-Frischkäse
35 g gehackte Kürbiskerne

Zum Bestreuen:

einige Kürbiskerne

Zum Besprenkeln:

etwa 75 g Puderzucker
1–2 EL Wasser

1 Frische Himbeeren verlesen (nicht waschen). Backofen vorheizen.

2 Für den Teig Mehl mit Backpulver mischen, in eine Rührschüssel sieben. Zucker, Salz, Eier, Butter oder Margarine, Milch und Frischkäse hinzufügen. Die Zutaten mit Handrührgerät mit Rührbesen zunächst kurz auf niedrigster, dann auf höchster Stufe in etwa 2 Minuten zu einem glatten Teig verarbeiten.

3 Frische Himbeeren oder TK-Himbeeren (nicht auftauen lassen) und gehackte Kürbiskerne unterheben. Den Teig in eine Muffinform (für 12 Muffins, gefettet, gemehlt) geben und glattstreichen. Mit je 3 ganzen Kürbiskernen bestreuen. Die Form auf dem Rost in den vorgeheizten Backofen schieben.

Ober-/Unterhitze: etwa 180 °C
Heißluft: etwa 160 °C
Backzeit: etwa 25 Minuten.

4 Die Muffins etwa 20 Minuten in der Form stehen lassen, dann vorsichtig aus der Form lösen und auf einen Kuchenrost setzen.

5 Zum Besprenkeln Puderzucker mit Wasser zu einem dünnflüssigen Guss verrühren. Die warmen Muffins damit besprenkeln und erkalten lassen.

Tipp: Dazu passt ein fruchtig-exotischer Fruchtsalat. Die Muffins schmecken auch am nächsten Tag noch gut.

Zubereitungszeit:
25 Minuten, ohne Abkühlzeit
Backzeit: etwa 25 Minuten

Pro Stück:
E: 6 g, F: 17 g, Kh: 36 g,
kJ: 1338, kcal: 320, BE: 3,0

Limetten-Mohn-Muffins

Fruchtig

Für den Rührteig:

175 g weiche Butter oder Margarine
100 g Zucker
1 Pck. Dr. Oetker Vanillin-Zucker
2 Eier (Größe M)
230 g Weizenmehl
3 gestr. TL Dr. Oetker Backin
½ gestr. TL Natron
75 ml (6 EL) Milch oder Schlagsahne
abgeriebene Schale und Saft von 1 Bio-Limette (unbehandelt, ungewachst)
100 g gemahlener Mohn
1 EL Honig
25 g weiche Butter
2 geh. EL Zitronenmarmelade

Für den Guss:

100–150 g gesiebter Puderzucker
Saft von 1 Limette

Zum Garnieren:

Streifen von Limettenschalen

1 Backofen vorheizen. Für den Teig Butter oder Margarine mit Handrührgerät mit Rührbesen auf höchster Stufe geschmeidig rühren. Nach und nach Zucker und Vanillin-Zucker unterrühren. So lange rühren, bis eine gebundene Masse entstanden ist.

2 Eier einzeln unterrühren (jedes Ei etwa ½ Minute). Mehl mit Backpulver und Natron mischen, sieben und portionsweise abwechselnd mit Milch oder Sahne auf mittlerer Stufe unterrühren.

3 Den Teig halbieren. Eine Teighälfte mit Limettenschale und -saft verrühren, unter die andere Teighälfte Mohn, Honig, Butter und Zitronenmarmelade rühren.

4 Den Mohnteig in eine Muffinform (für 12 Muffins gefettet, gemehlt) geben. Den Limettenteig darauf verteilen und glattstreichen. Die Form auf dem Rost in den vorgeheizten Backofen schieben.

Ober-/Unterhitze: etwa 180 °C
Heißluft: etwa 160 °C
Backzeit: 20–25 Minuten.

5 Die Muffins etwa 10 Minuten in der Form stehen lassen, dann vorsichtig aus der Form lösen und auf einem mit Backpapier belegten Kuchenrost erkalten lassen.

6 Für den Guss Puderzucker mit Limettensaft zu einer dickflüssigen Masse verrühren und mit Hilfe eines Pinsels auf die Muffins streichen.

7 Zum Garnieren etwas Limettenschale mit einem Zestenreißer abschälen oder mit einem Messer in feine Streifen schneiden und auf den noch feuchten Guss streuen.

Tipp: Anstelle der frischen Limette können Sie auch 1 Päckchen Dr. Oetker Finesse Geriebene Zitronenschale verwenden.

Zubereitungszeit: 25 Minuten
Backzeit: 20–25 Minuten

Pro Stück:
E: 5 g, F: 20 g, Kh: 39 g,
kJ: 1526, kcal: 365, BE: 3,5

Karamell-Reis-Muffins | Für Kinder

Zum Vorbereiten:
150 ml Milch
1 Prise Salz
30 g Instant-Reisflocken
75 g Butter

Für den All-in-Teig:
200 g Weizenmehl
2 gestr. TL Dr. Oetker Backin
1 Pck. Dr. Oetker Pudding-Pulver Karamell-Geschmack
1 Prise Salz
30 g Puderzucker
40 g gehackte Haselnusskerne
2 Eier (Größe M)
100 g Vollmilchjoghurt (3,5 % Fett)
75 ml Karamell-Sirup

Zum Bestäuben:
Puderzucker

Außerdem:
12 Papierbackförmchen

1 Zum Vorbereiten Milch, Salz und Reisflocken in einem kleinen Topf kurz aufkochen lassen, Topf von der Kochstelle nehmen. Butter unterrühren und etwa 5 Minuten quellen lassen. Backofen vorheizen.

2 Für den Teig Mehl mit Backpulver, Pudding-Pulver, Salz und Puderzucker mischen, in eine Rührschüssel sieben. Nusskerne untermischen. Eier, Joghurt, Sirup und das Reis-Milch-Gemisch hinzugeben und mit Handrührgerät mit Rührbesen zunächst kurz auf niedrigster, dann auf höchster Stufe in etwa 1 Minute zu einem glatten Teig verarbeiten.

3 Den Teig in eine Muffinform (für 12 Muffins, mit Papierbackförmchen ausgelegt) geben und glattstreichen. Die Form auf dem Rost in den vorgeheizten Backofen schieben.

Ober-/Unterhitze: etwa 180 °C
Heißluft: etwa 160 °C
Backzeit: etwa 25 Minuten.

4 Die Muffins etwa 10 Minuten in der Form stehen lassen, dann vorsichtig aus der Form lösen und auf einem Kuchenrost erkalten lassen. Muffins mit Puderzucker bestäubt servieren.

Zubereitungszeit:
30 Minuten, ohne Quellzeit
Backzeit: etwa 25 Minuten

Pro Stück:
E: 4 g, F: 10 g, Kh: 27 g,
kJ: 905, kcal: 216, BE: 2,5

Crème-fraîche-Marzipan-Muffins

Raffiniert – mit Alkohol

Zum Vorbereiten:

150 g Marzipan-Rohmasse
100 ml Milch
200 g Crème fraîche
150 g Zucker

Für den All-in-Teig:

250 Weizenmehl
2 gestr. TL Dr. Oetker Backin
1 Prise Salz
1 Pck. Dr. Oetker Finesse Geriebene Zitronenschale
3 Eier (Größe M)
2–3 Tropfen Dr. Oetker Finesse Amaretto-Bittermandel-Aroma

30 g abgezogene, gehobelte Mandeln

Für den Guss:

20–25 g Crème fraîche
75–100 g Puderzucker

Nach Belieben zum Bestäuben:

etwas Puderzucker

1 Zum Vorbereiten Marzipan in kleine Würfel schneiden. Mit Milch, Crème fraîche und Zucker in einem kleinen Topf unter Rühren erwärmen und auflösen. Backofen vorheizen.

2 Mehl mit Backpulver und Salz mischen, in eine Rührschüssel sieben. Zitronenschale, Eier, Aroma und Marzipan-Milch-Mischung hinzugeben. Die Zutaten mit Handrührgerät mit Rührbesen zunächst kurz auf niedrigster, dann auf höchster Stufe in etwa 1 Minute zu einem glatten Teig verarbeiten.

3 Den Teig in eine Muffinform (für 12 Muffins, gefettet, gemehlt) geben und glattstreichen. Die Form auf dem Rost in den vorgeheizten Backofen schieben.

Ober-/Unterhitze: etwa 180 °C
Heißluft: etwa 160 °C
Backzeit: 25–30 Minuten.

4 Die Muffins etwa 10 Minuten in der Form stehen lassen, dann vorsichtig aus der Form lösen und auf einem mit Backpapier belegten Kuchenrost erkalten lassen.

5 Mandeln in einer Pfanne ohne Fett goldbraun rösten, herausnehmen und auf einem Teller erkalten lassen.

6 Für den Guss Crème fraîche und Puderzucker zu einem dickflüssigen Guss verrühren. Die Muffins damit überziehen. Mit Mandeln bestreuen, Guss fest werden lassen. Die Muffins nach Belieben vor dem Servieren mit Puderzucker bestäuben.

Zubereitungszeit: 25 Minuten
Backzeit: 25–30 Minuten

Pro Stück:
E: 7 g, F: 14 g, Kh: 43 g,
kJ: 1350, kcal: 323, BE: 3,5

Mozart-Muffins

Gut vorzubereiten – mit Alkohol

Für die Füllung:

100 g Marzipan-Rohmasse
25 g gesiebter Puderzucker
15 g gemahlene Pistazienkerne
100 g Nuss-Nougat, gut gekühlt

Für den Rührteig:

150 g Butter oder Margarine
125 g Zucker
1 Pck. Dr. Oetker Vanillin-Zucker
4 Tropfen Dr. Oetker Finesse Amaretto-Bittermandel-Aroma
3 Eier (Größe M)
200 g Weizenmehl
2 gestr. TL Dr. Oetker Backin

Zum Aprikotieren:

2 geh. EL Aprikosenkonfitüre

Außerdem:

12 Papierbackförmchen

1 Für die Füllung Marzipan-Rohmasse mit Puderzucker und Pistazienkernen auf einer Arbeitsfläche verkneten. Marzipan-Rohmasse zwischen Klarsichtfolie legen und ein Rechteck von etwa 10 x 20 cm ausrollen.

2 Nougat in Streifen schneiden, auf die Marzipanplatte legen, zu einer Rolle aufrollen und 12 etwa 2 mm dicke Scheiben abschneiden. Diese mit Klarsichtfolie zudecken und beiseitelegen. Die restliche Rolle in 12 gleich große Scheiben schneiden. Backofen vorheizen.

3 Für den Teig Butter oder Margarine mit Handrührgerät mit Rührbesen auf höchster Stufe geschmeidig rühren. Nach und nach Zucker, Vanillin-Zucker und Aroma unterrühren. So lange rühren, bis eine gebundene Masse entstanden ist.

4 Eier nach und nach unterrühren (jedes Ei etwa ½ Minute). Mehl mit Backpulver mischen, sieben und in 2 Portionen auf mittlerer Stufe unterrühren.

5 Die Hälfte des Teiges in eine Muffinform (für 12 Muffins, mit Papierbackförmchen ausgelegt) geben und glattstreichen. Jeweils eine Scheibe von der Marzipan-Nougatrolle darauflegen. Den restlichen Teig gleichmäßig darauf verteilen und glattstreichen. Die Form auf dem Rost in den vorgeheizten Backofen schieben.

Ober-/Unterhitze: etwa 180 °C
Heißluft: etwa 160 °C
Backzeit: etwa 25 Minuten.

6 Die Muffins etwa 10 Minuten in der Form stehen lassen, dann vorsichtig aus der Form heben und auf einem Kuchenrost erkalten lassen.

7 Zum Aprikotieren die Konfitüre durch ein Sieb streichen und in einem kleinen Topf aufkochen. Die Muffins damit bestreichen und mit den beiseite gelegten Marzipan-Nougat-Scheiben belegen.

Zubereitungszeit:
40 Minuten, ohne Abkühlzeit
Backzeit: etwa 25 Minuten

Pro Stück:
E: 5 g, F: 18 g, Kh: 36 g,
kJ: 1383, kcal: 330, BE: 3,0

Brownie-Muffins

Für Gäste

Für den Rührteig:

- 75 g Zartbitter-Schokolade
- 80 g Macadamianusskerne (geröstet und leicht gesalzen)
- 80 g Studentenfutter (Nuss- und Rosinenmischung)
- 150 g Butter oder Margarine
- 30 g Zucker
- 75 g brauner Zucker
- 1 Pck. Dr. Oetker Bourbon-Vanille-Zucker
- 3 Eier (Größe M)
- 150 g Weizenmehl
- 2 gestr. TL Dr. Oetker Backin
- 50 g Kakao-Getränkepulver
- 150 g Sahne-Pudding Schokoladen-Geschmack (aus dem Kühlregal)

Für den Guss:

- 75 g Zartbitter-Schokolade
- 1 TL Speiseöl

Nach Belieben zum Bestreuen:

einige Macadamianusskerne und etwas Studentenfutter

1 Backofen vorheizen. Für den Teig Schokolade in Stücke brechen, in einem Topf im Wasserbad bei schwacher Hitze schmelzen und abkühlen lassen. Macadamianusskerne und Studentenfutter grob hacken.

2 Butter oder Margarine mit Handrührgerät mit Rührbesen auf höchster Stufe geschmeidig rühren. Nach und nach Zucker, braunen Zucker und Vanille-Zucker unterrühren. So lange rühren, bis eine gebundene Masse entstanden ist.

3 Eier nach und nach unterrühren (jedes Ei etwa ½ Minute). Mehl mit Backpulver mischen, sieben und in 2 Portionen auf mittlerer Stufe unterrühren. Kakao-Getränkepulver, Pudding und die aufgelöste Schokolade unterrühren, dann Macadamianusskerne und Studentenfutter unterheben.

4 Den Teig in eine Muffinform (für 12 Muffins, gefettet, gemehlt) geben und glattstreichen. Die Form auf dem Rost in den vorgeheizten Backofen schieben.

Ober-/Unterhitze: etwa 180 °C
Heißluft: etwa 160 °C
Backzeit: etwa 25 Minuten.

5 Die Muffins etwa 10 Minuten in der Form stehen lassen, dann vorsichtig aus der Form lösen und auf einem Kuchenrost erkalten lassen.

6 Für den Guss Schokolade in kleine Stücke brechen, mit Speiseöl in einem kleinen Topf im Wasserbad bei schwacher Hitze schmelzen. Die Muffins damit überziehen. Nach Belieben mit Macadamianusskernen und Studentenfutter bestreuen. Guss fest werden lassen.

Tipp: Sie können die Muffins auch in doppelt ineinander gestellten Papierbackförmchen backen. Sie können die Muffins auch nur mit Studentenfutter (160 g) zubereiten.

Zubereitungszeit:
30 Minuten, ohne Abkühlzeit
Backzeit: etwa 25 Minuten

Pro Stück:
E: 6 g, F: 26 g, Kh: 32 g,
kJ: 1630, kcal: 390, BE: 2,5

Ahornsirup-Haferflocken-Muffins

Raffiniert

Zum Vorbereiten:

50 g Butter
50 g Rohrzucker
50 ml Ahornsirup
75 g kernige Haferflocken

Für den Rührteig:

150 g Butter oder Margarine
100 g Rohrzucker
1 Pck. Dr. Oetker Vanillin-Zucker
1 Pck. Dr. Oetker Finesse Geriebene Zitronenschale
1 Prise Salz
3 Eier (Größe M)
200 g Weizenmehl
2 gestr. TL Dr. Oetker Backin
1 Becher (150 g) Vollmilchjoghurt

1 Zum Vorbereiten Butter in einem Topf zerlassen, Rohrzucker und Ahornsirup hinzufügen und schmelzen lassen. Die Haferflocken unterrühren. Backofen vorheizen.

2 Für den Teig Butter oder Margarine mit Handrührgerät mit Rührbesen auf höchster Stufe geschmeidig rühren. Nach und nach Zucker, Vanillin-Zucker, Zitronenschale und Salz hinzufügen. So lange rühren, bis eine gebundene Masse entstanden ist.

3 Eier nach und nach unterrühren (jedes Ei etwa ½ Minute). Mehl mit Backpulver mischen, sieben und in 2 Portionen auf mittlerer Stufe unterrühren. Den Joghurt unterrühren.

4 Den Teig in eine Muffinform (für 12 Muffins, gefettet, gemehlt) geben und glattstreichen. Die Haferflockenmischung darauf verteilen. Die Form auf dem Rost in den vorgeheizten Backofen schieben.

Ober-/Unterhitze: etwa 180° C
Heißluft: etwa 160 °C
Backzeit: etwa 25 Minuten.

5 Die Muffins etwa 10 Minuten in der Form stehen lassen, dann vorsichtig aus der Form lösen und auf einem Kuchenrost erkalten lassen.

Zubereitungszeit:
40 Minuten, ohne Abkühlzeit
Backzeit: etwa 25 Minuten

Pro Stück:
E: 5 g, F: 17 g, Kh: 33 g,
kJ: 1283, kcal: 306, BE: 2,5

Amarant-Muffins

Raffiniert

Zum Vorbereiten:

125 g Amarant-Popcorn

Für den Rührteig:

75 g weiche Butter oder Margarine
75 g flüssiger Honig
1 Pck. Dr. Oetker Bourbon-Vanille-Zucker
1 Pck. Dr. Oetker Finesse Geriebene Zitronenschale
2 Eier (Größe M)
125 g Weizenmehl
2 gestr. TL Dr. Oetker Backin
150 ml Milch
50 g gehackte Haselnusskerne
80 g getrocknete Cranberries

Zum Bestreichen und Bestreuen:

2 EL Johannisbeergelee
20 g Cranberries

Außerdem:

12 Papierbackförmchen

1 Zum Vorbereiten einen Topf mit Deckel ohne Fettzugabe erhitzen. Amarant hinzugeben und sofort mit dem Deckel verschließen. Den Topf etwa 20 Sekunden auf die Kochstelle setzen. Dann von der Kochstelle nehmen und den Topf hin und her schwenken. Hört das Zischen auf, das Popcorn in ein grobes Sieb geben. Das gepoppte Korn von dem nicht gepoppten Korn trennen. Nicht gepopptes Korn fein mahlen. Backofen vorheizen.

2 Für den Teig Butter oder Margarine mit Handrührgerät mit Rührbesen auf höchster Stufe geschmeidig rühren. Nach und nach Honig, Vanille-Zucker und Zitronenschale hinzufügen. So lange rühren, bis eine gebundene Masse entstanden ist. Eier nach und nach unterrühren (jedes Ei etwa ½ Minute).

3 Mehl mit Backpulver mischen, sieben und in 2 Portionen mit der Milch auf mittlerer Stufe unterrühren. Das Amarant-Popcorn, das gemahlene Amarant, Haselnusskerne und Cranberries unter den Teig heben.

4 Den Teig in eine Muffinform (für 12 Muffins, mit Papierbackförmchen ausgelegt) geben und glattstreichen. Die Form auf dem Rost in den vorgeheizten Backofen schieben.

Ober-/Unterhitze: etwa 180 °C
Heißluft: etwa 160 °C
Backzeit: etwa 25 Minuten.

5 Die Muffins etwa 10 Minuten in der Form stehen lassen, dann vorsichtig aus der Form heben und auf einem Kuchenrost erkalten lassen.

6 Zum Bestreichen und Bestreuen Gelee in einem kleinen Topf unter Rühren aufkochen lassen. Die Muffins mit dem Gelee bestreichen und mit Cranberries bestreuen.

Zubereitungszeit:
30 Minuten, ohne Abkühlzeit
Backzeit: etwa 25 Minuten

Pro Stück:
E: 5 g, F: 10 g, Kh: 29 g,
kJ: 956, kcal: 228, BE: 2,5

Aprikosenmuffins mit Sonnenblumenkernen

Fruchtig

Zum Vorbereiten:

- 125 g getrocknete Aprikosen
- 125 ml (1/8 l) Aprikosennektar oder Multi-Vitaminsaft
- 100 g Sonnenblumenkerne

Für den All-in-Teig:

- 175 g Weizenmehl
- 2 gestr. TL Dr. Oetker Backin
- 100 g Aprikosenkonfitüre
- 3 Eier (Größe M)
- 125 g weiche Butter oder Margarine

Zum Aprikotieren:

- 2 geh. EL Aprikosenkonfitüre

1 Zum Vorbereiten Aprikosen in kleine Würfel schneiden, in eine flache Schale geben und mit dem Nektar oder Vitaminsaft übergießen. Aprikosenwürfel darin etwa 1 Stunde einweichen. Sonnenblumenkerne in einer Pfanne ohne Fett rösten, herausnehmen und auf einem Teller erkalten lassen. Backofen vorheizen.

2 Für den Teig Mehl mit Backpulver mischen und in eine Rührschüssel sieben. Aprikosenkonfitüre, Eier und Butter oder Margarine hinzufügen. Die Zutaten mit Handrührgerät mit Rührbesen zunächst kurz auf niedrigster, dann auf höchster Stufe in etwa 1 Minute zu einem glatten Teig verarbeiten. Aprikosenwürfel und drei Viertel der Sonnenblumenkerne unterheben.

3 Den Teig in eine Muffinform (für 12 Muffins, gefettet, gemehlt) geben und glattstreichen. Die Form auf dem Rost in den vorgeheizten Backofen schieben.

Ober-/Unterhitze: etwa 180 °C
Heißluft: etwa 160 °C
Backzeit: etwa 25 Minuten.

4 Die Muffins etwa 10 Minuten in der Form stehen lassen, dann vorsichtig aus der Form lösen und auf einen Kuchenrost setzen.

5 Zum Aprikotieren die Konfitüre durch ein Sieb streichen und in einem kleinen Topf aufkochen. Die Muffins damit bestreichen und mit den restlichen Sonnenblumenkernen bestreuen. Die Muffins auf dem Kuchenrost erkalten lassen.

Zubereitungszeit: 25 Minuten, ohne Einweich- und Abkühlzeit
Backzeit: etwa 25 Minuten

Pro Stück:
E: 6 g, F: 15 g, Kh: 28 g, kJ: 1148, kcal: 274, BE: 2,5

Honig-Dinkel-Muffins

Vollwert – für Kinder

Zum Vorbereiten:

1 kleines Glas Sauerkirschen (Abtropfgewicht 175 g)

Für den All-in-Teig:

175 g feines Dinkelmehl (Type 630)
2 gestr. TL Dr. Oetker Backin
1 Prise Salz
75 g abgezogene, gemahlene Mandeln
1 Pck. Dr. Oetker Finesse Geriebene Zitronenschale
150–175 g milder, flüssiger Honig
2 Eier (Größe M)
100 g weiche Butter oder Margarine
150 g Vollmilchjoghurt (3,5 % Fett)
75 g abgezogene, gestiftelte Mandeln

Zum Bestäuben:

Puderzucker

1 Zum Vorbereiten Kirschen in einem Sieb gut abtropfen lassen. Backofen vorheizen.

2 Für den Teig Mehl mit Backpulver und Salz mischen, in eine Rührschüssel geben. Mit gemahlenen Mandeln und Zitronenschale vermischen. Honig, Eier, Butter oder Margarine und Joghurt hinzugeben. Die Zutaten mit Handrührgerät mit Rührbesen zunächst kurz auf niedrigster, dann auf höchster Stufe in etwa 1 Minute zu einem glatten Teig verarbeiten. Kirschen und die Hälfte der gestiftelten Mandeln unterheben.

3 Den Teig in eine Muffinform (für 12 Muffins, gefettet, gemehlt) geben, glattstreichen und die restlichen gestiftelten Mandeln darauf verteilen. Die Form auf dem Rost in den vorgeheizten Backofen schieben.

Ober-/Unterhitze: etwa 180 °C
Heißluft: etwa 160 °C
Backzeit: 25–28 Minuten.

4 Die Muffins etwa 10 Minuten in der Form stehen lassen, dann vorsichtig aus der Form lösen und auf einem Kuchenrost erkalten lassen. Muffins mit Puderzucker bestäubt servieren.

Zubereitungszeit: 20 Minuten
Backzeit: 25–28 Minuten

Pro Stück:
E: 6 g, F: 16 g, Kh: 26 g, kJ: 1145, kcal: 273, BE: 2,0

Cassis-Muffins mit weißen Schoko-Mandeln

Raffiniert – für Gäste

Zum Vorbereiten:

100 g dragierte, mit weißer Schokolade überzogene Mandeln

Für den Schüttelteig:

150 g Weizenmehl
2 gestr. TL Dr. Oetker Backin
1 Prise Salz
100 g Puderzucker
1 TL fein abgeriebene Zitronenschale von 1 Bio-Zitrone (unbehandelt, ungewachst) oder 1 Pck. Dr. Oetker Finesse Geriebene Zitronenschale
100 g abgezogene, gemahlene Mandeln
3 Eier (Größe M)
100 ml Speiseöl
125 g Vollmilchjoghurt (3,5 % Fett)

Zum Beträufeln und für den Guss:

etwa 75 ml Cassis-Sirup (schwarzer Johannisbeer-Sirup)
100 g weiße Kuvertüre
1–2 TL Speiseöl

1 Zum Vorbereiten die dragierten Mandeln grob hacken. Backofen vorheizen.

2 Für den Teig Mehl mit Backpulver, Salz und Puderzucker mischen, in eine verschließbare Schüssel (3-Liter-Inhalt) sieben, mit Zitronenschale und gemahlenen Mandeln mischen. Eier, Speiseöl und Joghurt hinzufügen. Schüssel mit dem Deckel fest verschließen.

3 Mehrmals (insgesamt 15–30 Sekunden) kräftig schütteln, so dass alle Zutaten gut vermischt sind. Alles mit einem Schneebesen oder Rührlöffel nochmals sorgfältig durchrühren, damit vor allem trockene Zutaten vom Rand mit untergerührt werden. Gehackte Mandeln unterheben.

4 Den Teig in eine Muffinform (für 12 Muffins, gefettet, gemehlt) geben und glattstreichen. Die Form auf dem Rost in den vorgeheizten Backofen schieben.

Ober-/Unterhitze: etwa 180 °C
Heißluft: etwa 160 °C
Backzeit: etwa 25 Minuten.

5 Die Muffins sofort nach dem Backen mit einem Holzstäbchen mehrmals einstechen und mit jeweils 1–2 Teelöffeln Sirup beträufeln. Die Muffins etwa 10 Minuten in der Form stehen lassen, dann vorsichtig aus der Form lösen und auf einem mit Backpapier belegten Kuchenrost erkalten lassen.

6 Für den Guss Kuvertüre in Stücke schneiden, mit Speiseöl in einem kleinen Topf im Wasserbad bei schwacher Hitze schmelzen. Die Muffins damit überziehen. Guss fest werden lassen.

Zubereitungszeit: 25 Minuten
Backzeit: etwa 25 Minuten

Pro Stück:
E: 7 g, F: 22 g, Kh: 30 g,
kJ: 1448, kcal: 346, BE: 2,5

Sanddorn-Marmor-Muffins

Einfach

Für den Rührteig:

150 g Butter oder Margarine
125 g Zucker
1 Pck. Dr. Oetker Vanillin-Zucker
1 Prise Salz
3 Eier (Größe M)
175 g Weizenmehl
1 Pck. Dr. Oetker Pudding-Pulver Vanille-Geschmack
2 gestr. TL Dr. Oetker Backin
etwa 50 ml Buttermilch

50 ml mit Honig gesüßter Sanddornsaft (Reformhaus oder Drogerie-Markt)
25 g abgezogene, gemahlene Mandeln

Nach Belieben:

etwa 175 g vorbereitete Früchte (z. B. Kirschen, Heidelbeeren, Stachelbeeren) oder etwa 75 g getrocknete Softfrüchte (z. B. Pflaumen)

Außerdem:

12 Papierbackförmchen

1 Backofen vorheizen. Für den Teig Butter oder Margarine mit Handrührgerät mit Rührbesen auf höchster Stufe geschmeidig rühren. Nach und nach Zucker, Vanillin-Zucker und Salz unterrühren. So lange rühren, bis eine gebundene Masse entstanden ist.

2 Eier nach und nach unterrühren (jedes Ei etwa ½ Minute). Mehl mit Pudding-Pulver und Backpulver mischen, sieben, in 2 Portionen mit der Buttermilch auf mittlerer Stufe unterrühren.

3 Zwei Drittel des Teiges in eine Muffinform (für 12 Muffins, mit Papierbackförmchen ausgelegt) geben. Unter den restlichen Teig Sanddornsaft und Mandeln rühren, auf dem hellen Teig verteilen. Eine Gabel einmal vorsichtig spiralförmig durch die Teigschichten ziehen.

4 Nach Belieben vorbereitete Früchte oder halbierte Pflaumen darauflegen und etwas eindrücken. Die Form auf dem Rost in den vorgeheizten Backofen schieben.

Ober-/Unterhitze: etwa 180 °C
Heißluft: etwa 160 °C
Backzeit: etwa 25 Minuten.

5 Die Muffins etwa 10 Minuten in der Form stehen lassen, dann vorsichtig aus der Form lösen und auf einem Kuchenrost erkalten lassen.

Zubereitungszeit: 25 Minuten
Backzeit: etwa 25 Minuten

Pro Stück:
E: 4 g, F: 13 g, Kh: 27 g, kJ: 1029, kcal: 246, BE: 2,0

Kapitelregister

Fruchtige Muffins

Schoko-Kirsch-Muffins 7
Ananas-Minz-Muffins 8
Rhabarber-Ingwer-Muffins 10
Ananas-Kokos-Muffins 12
Schoko-Birnen-Muffins 14
Orangen-Muffins 16
Heidelbeer-Vanille-Muffins 18
Apfel-Zimt-Muffins 20
Amarena-Kirsch-Muffins mit Mascarpone 22
Zitronen-Waldmeister-Muffins 24
Quark-Kirsch-Muffins 26
Erdbeer-Muffins 28
Kokos-Bananen-Muffins 30
Rhabarber-Stachelbeer-Muffins 32
Aprikosen-Müsli-Muffins 34
Heidelbeer-Vanille-Pudding-Muffins 36
Orangen-Malzbier-Muffins 38
Johannisbeer-Rahm-Muffins 40
Vanille-Quark-Muffins 42
Rote-Grütze-Muffins 44

Muffins mit Schokolade, Kaffee oder Alkohol

Espresso-Karamell-Muffins 47
Kaffeemuffins 48
Mousse-au-Chocolat-Muffins 50
Eierlikör-Beeren-Muffins 52
Amaretto-Muffins 54
Schokoladen-Whisky-Muffins 56
Schoko-Chili-Muffins 58
Cafe-Latte-Muffins 60
Schoko-Marzipan-Muffins 62

Kernige Muffins

Zitronen-Buttermilch-Muffins 65
Macadamianuss-Muffins 66
Hagebutten-Haferflocken-Muffins 68
Himbeer-Frischkäse-Muffins mit Kürbiskernen 70
Limetten-Mohn-Muffins 72
Karamell-Reis-Muffins 74
Crème-fraîche-Marzipan-Muffins 76
Mozart-Muffins 78
Brownie-Muffins 80
Ahornsirup-Haferflocken-Muffins 82
Amarant-Muffins 84
Aprikosenmuffins mit Sonnenblumenkernen 86
Honig-Dinkel-Muffins 88
Cassis-Muffins mit weißen Schoko-Mandeln 90
Sanddorn-Marmor-Muffins 92

Alphabetisches Register

A
Ahornsirup-Haferflocken-Muffins 82
Amarant-Muffins 84
Amarena-Kirsch-Muffins mit Mascarpone 22
Amaretto-Muffins 54
Ananas-Kokos-Muffins 12
Ananas-Minz-Muffins 8
Apfel-Zimt-Muffins 20
Aprikosen-Müsli-Muffins 34
Aprikosenmuffins mit Sonnenblumenkernen 86

B/C
Brownie-Muffins 80
Cafe-Latte-Muffins 60
Cassis-Muffins mit weißen Schoko-Mandeln 90
Crème-fraîche-Marzipan-Muffins 76

E
Eierlikör-Beeren-Muffins 52
Erdbeer-Muffins 28
Espresso-Karamell-Muffins 47

H
Hagebutten-Haferflocken-Muffins 68
Heidelbeer-Vanille-Muffins 18
Heidelbeer-Vanille-Pudding-Muffins 36
Himbeer-Frischkäse-Muffins mit Kürbiskernen 70
Honig-Dinkel-Muffins 88

J
Johannisbeer-Rahm-Muffins 40

K
Kaffeemuffins 48
Karamell-Reis-Muffins 74
Kokos-Bananen-Muffins 30

L
Limetten-Mohn-Muffins 72

M
Macadamianuss-Muffins 66
Mousse-au-Chocolat-Muffins 50
Mozart-Muffins 78

O/Q
Orangen-Malzbier-Muffins 38
Orangen-Muffins 16
Quark-Kirsch-Muffins 26

R
Rhabarber-Ingwer-Muffins 10
Rhabarber-Stachelbeer-Muffins 32
Rote-Grütze-Muffins 44

S
Sanddorn-Marmor-Muffins 92
Schoko-Birnen-Muffins 14
Schoko-Chili-Muffins 58
Schoko-Kirsch-Muffins 7
Schoko-Marzipan-Muffins 62
Schokoladen-Whisky-Muffins 56

V/Z
Vanille-Quark-Muffins 42
Zitronen-Buttermilch-Muffins 65
Zitronen-Waldmeister-Muffins 24

Abkürzungen

EL	=	Esslöffel	geh.	=	gehäuft
TL	=	Teelöffel	gestr.	=	gestrichen
Msp.	=	Messerspitze	TK	=	Tiefkühlprodukt
Pck.	=	Packung/ Päckchen	°C	=	Grad Celsius
			Ø	=	Durchmesser
g	=	Gramm	E	=	Eiweiß
kg	=	Kilogramm	F	=	Fett
ml	=	Milliliter	Kh	=	Kohlenhydrate
l	=	Liter	kcal	=	Kilokalorien
Min.	=	Minuten	kJ	=	Kilojoule
Std.	=	Stunden	BE	=	Broteinheit
evtl.	=	eventuell			

Hinweise zu den Rezepten

Lesen Sie bitte vor der Zubereitung – besser noch vor dem Einkaufen – das Rezept einmal vollständig durch. Oft werden Arbeitsabläufe oder -zusammenhänge dann klarer.
Die Zutaten sind in der Reihenfolge ihrer Verarbeitung aufgeführt.
Die in den Rezepten angegebenen Backtemperaturen und -zeiten sind Richtwerte, die je nach individueller Hitzeleistung des Backofens über- oder unterschritten werden können. Bitte beachten Sie deshalb bei der Einstellung des Backofens die Gebrauchsanweisung des Herstellers und machen Sie nach Beendigung der Backzeit eine Garprobe.

Backofentemperaturen

Die richtig eingestellte Backofentemperatur ist für das Backergebnis ebenso wichtig, wie die Backzeit. Jedoch können die Backzeiten von Gerät zu Gerät abweichen, d. h. kürzer oder länger sein, als die im Rezept angegebene Zeit. Es ist deshalb wichtig auch die Bedienungsanleitung Ihres Backofens zu beachten. Gegen Ende der angegebenen Backzeit sollten die Muffins genau beobachtet werden. Mit einer Garprobe können Sie prüfen, ob Ihre Muffins schon durchgebacken sind.

Zubereitungszeiten

Die Zubereitungszeit beinhaltet nur die Zeit für die eigentliche Zubereitung, die Backzeiten sind gesondert ausgewiesen. Längere Wartezeiten wie z. B. Auftau- oder Kühlzeiten sind nicht mit einbezogen.

Für Fragen, Vorschläge oder Anregungen steht Ihnen der Verbraucherservice der Dr. Oetker Versuchsküche, Telefon: +49 (0) 18 03 24 25 26 Mo.-Fr. 8:00 - 18:00 Uhr, Sa. 9:00 -15:00 Uhr (0,09 EUR/Min.) zur Verfügung oder schreiben Sie uns:
Dr. Oetker Verlag KG, Am Bach 11, 33602 Bielefeld
oder besuchen Sie uns im Internet unter www.oetker.de.

Umwelthinweis Dieses Buch und der Einband wurden auf chlorfrei gebleichtem Papier gedruckt. Die Einschrumpffolie – zum Schutz vor Verschmutzung – ist aus umweltfreundlichem und recyclingfähigem PE-Material.

Wir danken für die freundliche Unterstützung Kraft Foods, Bremen

Redaktion Carola Reich, Ina Scholz

Titelfoto Thomas Diercks, Hamburg

Innenfotos Ulli Hartmann, Halle/Westf. (S. 6, 9, 11, 15, 19, 23, 25, 33, 37, 39, 43, 46, 51, 59, 64, 69, 71, 75, 77, 79, 81, 85, 87, 89, 91)
Thomas Diercks, Hamburg (S. 17, 27, 29, 31, 35, 41, 53, 55, 57, 61, 63, 67, 83, 93)
Bernd Lippert (S. 13, 49)
Antje Plewinski, Berlin (S. 45)
Ulrich Kopp, Sindelfingen (S. 21)
Brigitte Wegner, Bielefeld (S. 73)

Rezeptentwicklung und Rezeptberatung Susanne Raht, Hamburg

Foodstyling Claudia Potgeter, Nordhorn

Nährwertberechnungen Nutri Service, Hennef

Grafisches Konzept M·D·H Haselhorst, Bielefeld
Gestaltung M·D·H Haselhorst, Bielefeld
Titelgestaltung kontur:design, Bielefeld

Reproduktionen Fotolito Longo, Bozen, Italien
Satz Typografika, Bielefeld
Druck und Bindung Mohn media Mohndruck GmbH, Gütersloh

ISBN: 978-3–7670–0836–6